高校英语线上线下混合式教学模式研究

刘银燕 ◎ 著

吉林出版集团股份有限公司

图书在版编目（CIP）数据

高校英语线上线下混合式教学模式研究 / 刘银燕著. -- 长春：吉林出版集团股份有限公司，2022.9
ISBN 978-7-5731-2159-2

Ⅰ. ①高… Ⅱ. ①刘… Ⅲ. ①英语－教学模式－研究－高等学校 Ⅳ. ①H319.3

中国版本图书馆 CIP 数据核字 (2022) 第 172902 号

高校英语线上线下混合式教学模式研究

著　　者	刘银燕	
责任编辑	陈瑞瑞	
封面设计	林　吉	
开　　本	787mm×1092mm　　1/16	
字　　数	200 千	
印　　张	8.5	
版　　次	2022 年 9 月第 1 版	
印　　次	2022 年 9 月第 1 次印刷	
出版发行	吉林出版集团股份有限公司	
电　　话	总编办：010-63109269	
	发行部：010-63109269	
印　　刷	廊坊市广阳区九洲印刷厂	

ISBN 978-7-5731-2159-2　　　　　　　　　　定价：68.00 元

版权所有　侵权必究

前　言

相较于传统的教学模式，"线上线下"相结合的混合式教学模式更加符合当下现代化教育的发展趋势，课堂教学与信息技术的高度结合促进了我国现代大学教育的飞速发展。高校在开展英语教学的过程中将信息化技术作为主导，采用"线上线下"的混合式教学模式能够真正融合传统课堂以及网络教学资源的优势，形成一种精练并具备针对性的教学模式。本书就基于"线上线下"相结合的大学英语混合教学模式做出探究，以期为高校课程改革提供一些参考。"线上线下"相结合混合式英语课堂的出现，对传统的教学方式无疑是一种巨大的颠覆。通过混合式学习方式，教师成为课堂上的"组织者、引导者"，教师在教学过程中，根据大数据客观分析学生的学情，有针对性地去备课，合理安排各个教学环节，增加学习的趣味性，并根据学生完成任务的具体情况去讲解重难点，引导学生独立思考、主动开口，培养学生的交际能力和学习能力，促使学生真正对英语知识进行内化，使学生真正变成了"教学的主体"。

近些年来，随着人们生活节奏的加快以及智能手机的普及，网络碎片化的学习已经成为当代大学生的主要选择。大学英语教学开展线上线下混合式教育，不仅迎合了当前青年学生的学习习惯，更是进一步丰富了学生的学习方式，为教育多元化拓展了新思路。尤其是2020年年初，随着新冠肺炎疫情的暴发，网络授课已经成了各个院校的必要选择，在这样一种大环境背景下，探讨线上线下混合式教学模式的发展和应用对于促进教育的发展、促进教育适应当前时代具有重要意义。

综上所述，在大学英语的教学中，应用线上线下混合式的教学模式对于促进大学英语教学效果的提升是十分有效的，不仅能够进一步强化学生的教学主体地位，还能够建立起学生和老师之间沟通的桥梁。因此，高校应当将这种教学模式长远地推广下去，并且使之常态化、制度化，进一步促进整体教育行业提升。

目　录

第一章　线上教学的概念 ... 1
第一节　线上教学的理论基础 ... 1
第二节　线上教学的制度 ... 3
第三节　线上教学的历史沿革 ... 12
第四节　线上教学的特点 ... 14

第二章　高校英语学科教学模式 ... 27
第一节　高校英语教学模式概述 ... 27
第二节　结构和认知取向的英语教学模式 ... 31
第三节　功能取向的英语教学模式 ... 34
第四节　任务取向的英语教学模式 ... 37
第五节　社会文化互动取向的英语教学模式 ... 41
第六节　全语教学模式 ... 44

第三章　高校英语教学中存在的问题 ... 46
第一节　高校英语教学问题的症结剖析 ... 46
第二节　英语基础知识教学中的问题 ... 53
第三节　英语听、说教学中的问题 ... 58
第四节　英语读、写、译教学中的问题 ... 61

第四章　高校英语线上线下教学研究 ... 68
第一节　线上教学概述 ... 68
第二节　现代线上大学课程教学模式 ... 70
第三节　线上线下混合式教学模式 ... 73
第四节　线上线下混合教学模式的环节设计 ... 80
第五节　线上线下混合教学模式的实践要求 ... 86

第五章　线上线下融合式高校英语教学理论研究 ································ 89

第一节　高校英语混合式教学线上线下衔接问题 ····························· 89
第二节　基于教学翻译的线上线下高校英语教学设计 ······················· 92
第三节　高校英语线上线下翻转式教学实施路径探索 ······················· 94
第四节　线上线下协同教育模式下英语课堂学习焦虑 ······················· 99
第五节　基于MOOC的高校英语"线上线下"混合式教学 ···················· 104
第六节　基于在线直播课的高校英语"线上线下"混合式教学 ·············· 109

第六章　线上线下融合式的高校英语教学实践 ·· 116

第一节　英语专业听力课程线上线下混合教学 ································· 116
第二节　线上线下混合式英语教学改革与慕课的关联 ······················· 118
第三节　线上线下融合式的高校英语教学实践 ································· 122
第四节　构建线上线下高校英语写作教学 ······································ 126

参考文献 ·· 130

第一章 线上教学的概念

第一节 线上教学的理论基础

教学是教师通过方法帮助学生完成学习目标所采取的有意义、有规划的过程。教师对待线上教学的接受程度以及教学观念，会对教师采用的线上教学的形式方法，策略方向产生很大的影响，因此，如果要明确教师在线上教学上的发展方向，需要对当代影响线上教学的理论基础有所了解和理解。

一、行为主义理论

19世纪前半叶，行为主义开始出现并流行，他摒弃了当代抽象，无法确定的唯心状态，只对可以进行记录的行为进行分析。行为主义的主要理论表明人是受环境影响的，被环境控制和冲击的，而学习和理解就是对对象的进行环境的改变，从而通过连锁的反应来对对象进行影响，从而形成特定反应模式。早期经典条件反射理论强调人类行为是由刺激—反应环节形成的，通过行为中的反应、识别或概括得到增强，可以限制刺激达到学习目标，然后，桑代克提出了学习三条定律实践定律、准备定律和效果定律，提出了有效的学习方法。操作控制理论大师Schkenner在反馈增强中提出了更精细的控制方法，如正强化、负强化、即时增强、延迟增强、连续增强和部分增强。他还建立了逐步完成复杂行为学习的建模理论。

二、认知心理学

行为主义避免谈论个人的抽象心理状态，而是将学习具体化为刺激和反应之间的联系。认知心理学强调个体心理认知在学习过程中起着极其重要的作用。在与环境的互动中，个人会主动选择甚至操纵外部环境的刺激。认知心理学理论包括两部分认知结构和信息处理。认知结构探索人类认知系统中的知识结构，而信息处理提出了一套转换模型。

Quinley将网络与语义联系起来，以解释我们认知系统的组成和操作。他认为人的认知是由许多概念核心构成的，每个概念核心都与其他相关的概念核心相连。

早期认知心理学者布鲁纳提出"发现学习论"，他认为学习是通过外界环境对学习者的刺激和反应，通过学习者与环境的交互和对环境的认识来获得知识，所以教学就是营造一个有利于认知的外部环境，通过对学习者的引导和思维的领引来达到教学目标。

奥苏贝尔认为学习是学生自己只能基于现有的先验知识创建知识，学习新知识结构的变化从而能够产生个人认知，他提出了一个高阶与低阶知识的分别从而能够将新知识融入现有的知识体系。

认知心理学家盖聂等人不仅对知识与能力进行了较深入的分析，而且将其分为五个主要状态动作技能、情感、语言信息、智力技能和认知策略，作为选择教学方法的基础。在此基础上还提出，教学的刺激不仅仅是外部环境和互动，教学计划的活动必须从学习和体验的状态出发，他发现学生的九种内在需求感知刺激、准备心理状态、挑选有意义的刺激、记忆和实践、语义编码进入记忆和记忆检索、显性行为以及显示学习的成就和控制的结果，因此，他主张教师应及时提供九种外部教学活动，以满足他们的学习需要，引起注意，告知目标，回忆学前经验，提供教材，提供指导与实践，提供反馈，评价成绩，加强学习保留和转移。

瑞格鲁斯针对教学也提出"逐步阐释论"，表明教学者可以在进行教学的过程中，先通过帮学习者构建出学习目的的大致印象和概念，接着从某个部分入手，从微观入手，来诠释宏观意义上的大致概念，再回到微观层面的细节上，在宏观和微观上来回转折，可以帮助学习者很快建立整个知识体系的脉络。

三、社会学习理论

认知心理学认为，学习要素应该包含学习者自身的主观的认识和感受学习者的主观认知被添加到学习元素中。然而，正如班杜拉认为的那样，社会学习理论将学习的重点从个人本身扩展到包括其他人在内的整个社会情境学习是在环境、学习者和认知行为的互动下进行的。他主张学习应该在自然的社会环境下进行，这样学习者可以与环境充分互动，从而达到学习目标。因此，学习者的自我效能和自律不仅是一个重要的学习关键，而且学习者应该观察和模仿他人在社会环境中的行为，并从互动中产生学习。

班杜拉提出了替代学习理论。他不完全同意行为主义的刺激—反应结论，并认为学生在学习上有自主权。因此，即使学生在他们的行为之后没有亲自经历过惩罚或奖励，他们也可以通过观察他人行为带来的奖励和惩罚，或者听取他人对某一行为如何评价来学习如何进行行为。这种模仿学习可以通过观察模型来产生。它经历了四个阶段关注、维护、再生和激励。在注意阶段，学生注意到被观察物体所显示的行为，并理解该行为的含义。在维护阶段，他们将观察转化为具有代表性的心理图像或语言符号。在再生阶段，物体的行为会被观察到，并通过它自己的行为来表达。最后，在动机阶段，学生将在正确的时间展示他们的学习行为，并完成他们的学习。

维高斯基提出了社会认知发展理论。关于个人的认知发展，他称学习者现有能力和未来学习能力之间的差距是一个接近发展的领域，即学习者现有能力和潜在能力之间的距离。维高斯基认为，社会中的互动是个人认知发展的关键，尤其是对小学生来说，他们首先在外部和社会层面发展文化，然后在内部和个人层面发展文化。为了有足够的认知发展，事件或问题本身并不重要，关键是在社会互动的基础上发展更高层次的认知过程。合作学习理论是社会学习理论在教育上的应用，合作学习的理论实施者声称学生根据性别或能力状况等混合成几个小组，通过小组相互合作，能够更好发挥各自的潜能。因此，合作学习理论不仅能够共同实现学习目标，而且改进了传统教学方法缺乏同伴互动，导致不利于社会互动的弊端，更重要的是在群体工作的过程中，学生处于积极主动的地位，通过能力和经验促进同伴互动，为更容易接受和吸收知识概念，学生之间相互提供丰富多样的交互反馈打下基础。

四、建构主义

建构主义起源于认知发展心理学。其基本思想是，学习是个体对外部环境知识的主动建构，通过在幼儿感觉和行为的基本模式中吸收和调整，逐渐发展成为一个更加抽象、复杂的知识库模。建构主义理论是社会学习理论的产物，强调个人必须与真实的社会和文化状况互动和磋商，以建构真实和灵活的知识。

"情境学习论"的提倡者布朗等人认为真正的知识必须存在于上下文语境，否则它将成为诽谤知识，学习应该是在真实的情况下进行，有必要从学徒角度从中做学，积极探索从经验和经验知识的真正含义。

"认知弹性论"的主张者认为信息必须来自不同的角度或多个案例研究来构建知识，学到的这些知识可以应用在多变和复杂的生活环境，不应失去其应用价值。

由于建构主义的流行，许多教育学者提出的理论专题的学习方法，通常是一种解决问题、研究性学习方法。强调学习活动必须以一个项目为目标，集成跨学科领域，符合现实生活安排的情况，由学生探索、假设和决定，测试为中心，其目的不仅是学习者获取学科知识和能力。

上述主要在线教学理论的介绍，并不意味着所有的在线教师只能选择其中一种理论作为未来教学的基础。几乎所有的在线教师都会将某一套理论作为他们在教学应用中的主要信念，并根据环境条件的需要灵活使用其他不同的理论和设计策略。

第二节　线上教学的制度

网络教学环境的独特性不仅在于网络媒体作为教学平台的使用，更重要的是教师在网络媒体中采取了新的教学策略。以往，许多学者对网络教学的有效性进行研究，往往落后于比较网络和课堂两种媒体或教学空间的有效性。这样的研究结果毫无意义甚至产生误导。研究网上教学的效果，必须对网上教学系统的实施，探索其诸多策略，因为我们过去不能直接使用该系统的课堂教学，而是在理论和实践的教学环境下，考虑到该系统，规划一套可行而有用的策略。

从理论的角度来看，网络教学系统偏向一端可能更符合现代教学思想的主流趋势，但是从实际的角度来看，网络教学系统偏向两端可以产生良好的教学效果，只要它符合学校的实际情况，且仅当它是如此偏向就可以在实践中真正可行。下面，我们尝试将几个维度简化为六个维度，以分析和解释在线教学系统的规划。实施在线教学的学校或教师必须考虑在这些方面采取什么立场，并在实施报告中明确说明，以便我们能够衡量在线教学的策略和有效性之间的关系，并选择最适合学校特殊环境的在线教学系统。

一、采用教学主义或建构主义

采用教育学概念的教师，大多强调单向教学，在课前设定学习目标，然后根据这些目标安排程序和要点。最后，他们进行测试来评估学生的学习成绩。在教育理念中采用建构主义的教师强调学生应该建立自己的教学方法。为了构建和组织知识，教师只为学生提供学习资源和反馈建议，以便他们探索、实验、组织和复习自己，从而构建自己的认知系统。

在现代网络教学理论中，建构主义显然占上风。然而，在教学实践中，如果教师完全让学生在网上发现信息，通过制订假设和进行测试来构建知识，大多数学生会花费大量的宝贵学习时间，影响教学进度，可能无法有效进行并正确构建符合学习目标的认知系统。因此，教师在教学的初始阶段必须通过教学原则建立学生的学习基础，等到学生在探索和建构自己的知识之前，就能打下学科知识的基础。在线教师按照教材的性质、教学目标和学生的品质，在两种动态调整的策略下，以达到最好的教学效果。

二、采用教师中心或学生中心

以教师为中心的教学认为教师是知识的传播者，学生是相对无知和被动的接受者，而以学生为中心的教学认为学习是学生的责任，学生应该积极学习和利用外部资源，目的是构建自己的认知系统，当代网络教学盛行的原因还很模糊。这不仅是信息技术的普及和应用，也是以学生为中心的教学原则在教育中的广泛接受，几乎所有的在线教学都在某种程度上偏离了以学生为中心。

以学生为中心的在线教学系统将采取各种不同的措施来强调学生学习的便利性和主动性，或者允许学生在互联网上学习，或者查阅和下载网络材料，上传家庭作业，或者进行在线讨论和测试。他们打破了学生过去沉默或被动的学习方式，增加了学生互动的机会，并积极寻求信息。另外，教师将减少他们的教学角色，鼓励和支持学生主动学习和讨论，课后使用电子邮件解决学生的问题，教师将在课堂上参与但不领导在线讨论。

借助网络教学的便利，教师可以有更多的时间与学生联系，还可以减少家庭作业的收集、考试评分、统计结果的登记等事项，从而可以更有效地开展管理工作。在整个教学过程中，教师逐渐从教学重心向支持服务的角色转变。

三、采用同步或异步教学

在线同步教学让师生在约定的时间内同时登录到网络虚拟教室，对于教学互动，现代信息技术允许大量数据在网络中快速传输，除了基本的文本互动，同步教学也可以有视频互动，同时允许更多的登录数量，在线同步教学使用成本极高，但是许多被高科技迷住的教师、学生、行政人员，甚至不顾成本和效益，仍然争相采用在线同步教学。然而，异步教学只需要一个简单的网络环境，允许老师和学生在不同的时间登录特定的论坛。在这个论坛上，老师和学生都可以设置问题来表达他们的观点或回应他人的问题。教师和学生不受固定时间限制，可以在自己方便的时间和地点登录在线。此外，异步教学允许教师和学生有更长的时间来反映和表达他们的观点。通常害怕在课堂上公开演讲的学生也愿意参与异步演讲讨论。

采用同步教学或异步教学各有优缺点，线上教学制度要根据教师的意愿、学生的能力、信息科技基础建设及学校实质环境来选择，或调整其兼采实施的比重；以美国最大而且为专业网络教学的凤凰城大学为例，课程的线上教学仍以异步教学为主，反观许多美国传统大学兼采网络教学者，往往对校园内的学生实施线上同步教学，张系国教授称这种现象为"高科技与高接受度的矛盾"，学校选择网络教学的制度时，很值得深思此一两难处境。

同步和异步教学各有优缺点。应该根据教师的意愿、学生的能力、信息技术基础设施和学校的物理环境来选择或调整在线教学系统。以美国最大的凤凰大学为例，它在网上教学仍然解决高技术和高接受度之间的矛盾。当学校选择网络教学系统时，这种困境是值得思考的。

四、采用纯线上教学或混成式线上面授教学

实施在线教学不仅是所有的在线教学活动，还可以将传统的课堂教学与在线教学相结合。纯粹的在线教学将使一些学生的选修课更加灵活和方便，但是许多课程材料的性质和学生的学习风格将要求教师和学生面对面的教学来弥补在线虚拟教学的不足。许多研究还表明，混合在线和面对面教学在学习中更有效。

专业网络大学必须采用纯网络教学来教授远程学生。因此，师生互动教学的唯一形式是在线教学。其他同时采用网络教学和网络教学的传统大学应该采用混合教学模式。充分利用混合教学模式的学校可以相互补充，既有网络教学，也有课堂教学。教与学的优点，但不当使用也可能有两个缺点，所以学校必须衡量实际情况来规划在线教学形式。

《中华人民共和国国民经济和社会发展第十一个五年规划纲要》提出"十一五"期间，我国将有序拓展金融服务业，拓宽保险服务领域，建立健全保险服务体系。《江西省国民经济和社会发展第十一个五年规划纲要》提出优先发展银行、证券、保险等生产性服务业。2009年12月12日，国务院正式批复《鄱阳湖生态经济区规划》，要提升金融对鄱阳湖生态经济区建设的服务保障能力。江西财经职业学院作为江西省财税金融系统的"黄埔军校"，一直以为江西省社会经济发展培养高素质技术技能型人才为神圣使命。

教育部《关于全面提高高等职业教育教学质量的若干意见》中强调"积极推行订单培养，探索工学交替、任务驱动、项目导向、顶岗实习等有利于增强学生能力的教学模式"。这些文件精神为金融职业人才培养和教学模式改革提供了指引。

2009年，江西财经职业学院入选江西省首批示范院校建设单位，金融类专业是省级

示范重点建设专业之一，2010年学校金融保险专业被列为首批国家骨干高职院校中央财政支持重点建设专业，这为学校深化教学模式改革提供了契机。

对学院2006—2008届毕业生跟踪调查以及对金融企业调研看，高职金融类毕业生适岗能力较差，学习内容与岗位要求不完全匹配，理论知识与职业技能增长不同步。如何培养适应职业岗位需要的高素质技术技能型金融保险人才是高职院校专业教学改革亟待解决的重点问题。

一是基于培养适应金融保险岗位需求的高素质技术技能型人才的理念，遵循高职学生成长成才规律，依"识岗、贴岗、适岗"的教学目标，分阶段递进培养，在教学要求上层层提高，在课程安排上注重共性课和个性课相结合，在培养学生整体素质的同时，也兼顾学生个性化发展。

二是以解决学生知识与能力同步增长和适应职业岗位为出发点，在校企合作深化、课程体系构建、实训教学改革、教学方法创新、学生综合素能提升及可持续能力发展等方面进行创新性的探索与实践，使专业人才培养质量不断提升。

现代教育强调以人为本，更关注人的现实需要和未来发展，更注重开发和挖掘人自身的禀赋和潜能，更重视人自身的价值及其实现，鉴于此，我们在教育中不仅注重当前对学生知识的传授，并且注重提高学生未来的生存和发展能力，促进学生自身的发展与异步为主，但是许多传统大学反倒是实行同步教学。张教授称这种现象为完善。

现代教育强调尊重个性，正视个性差异，张扬个性，鼓励个性发展，它允许学生发展的不同，主张针对不同的个性特点采用不同的教育方法和评估标准为每一个学生的个性充分发展创造条件。在教育方法上，注重采取不同的教育措施施行个性化教育，注重因材施教，实现从共性化教育模式向个性化教育模式转变，给个性的健康发展提供宽松的生长空间。

现代社会是一个日益多样化的时代，教育也呈现出多样化发展的态势。首先，表现在教育需求多样化，为适应经济社会发展的要求，人才的规格、标准必然要求多样化；其次，表现在办学主体多样化，教育目标多样化，管理体制多样化；最后，表现在灵活多样的教育形式、教育手段，衡量教育及人才质量的标准多样化等。这些都为教育教学过程的设计与管理提出了更高的要求与挑战。

知识不是通过教师传授得到的，而是学习者在一定的情境即社会文化背景下，借助他人，利用必要的学习资料，通过意义建构的方式而获得。在学习过程中，学生并不仅仅是知识的接受者，也可以是或者说应该是认知的主体，而教师则是幕后导演，教师组织协作学习，并对学习过程加以引导，使之朝着有利于意义建构的方向发展。

校企合作是一种注重培养质量，注重在校学习与企业实践，注重学校与企业资源、信息共享的"双赢"模式。学校与企业建立合作关系，有针对性地为企业培养人才，注重人才的实用性与实效性。校企合作是应社会所需，与市场接轨，与企业合作，实践与理论相结合的全新理念。

本成果以培养适应金融保险岗位的高素质技术技能型人才为目标，以增强学生的就业竞争能力为宗旨，遵循高职学生成长成才规律，在充分调研的基础上，创造性地提出了"三阶递进混成式"教学模式。即把对学生在校期间的培养分为3个阶段，每个阶段设置逐渐逼近的教学目标、提出层层提高的教学要求、安排相互衔接的模块化课程、实施适应的教学方法、匹配结合合理的师资、从易到难选择与岗位对应的职业资格考试、采用针对性的多元化教学评价方式，利用有机混成教学法实施教学，达到不同阶段的培养目标，最终让学生适应就业岗位。

在明确金融保险专业人才素质要求和主要职业岗位的基础上，根据学生认知规律性以及课程的衔接关联度，将学生在校的6个学期分为3个阶段第一、二学期为第一阶段，主要是让学生了解岗位，即"识岗"；第三、四、五学期为第二阶段，让学生熟悉岗位，掌握必备的职业技能，逐渐培养上岗意识和能力，即"贴岗"；第六学期为第三阶段，通过顶岗和毕业就业指导，使学生能真正走上教学实施中，根据教学要求调整师资，合理配备理论课教师与实践课教师。在"识岗"阶段，学生以校内学习职业基础知识为主，适量的企业见习、观摩活动为辅，师资配置以专任教师为主、兼职教师为辅，比例大致为7∶3；在"贴岗"阶段，随着课堂模拟实训、企业课堂、订单培养、校内生产性实训和各类校企合作活动的开展，学生的职业技能训练比重逐渐提升，学生接触企业的机会增多，因此兼职教师比例逐渐增大，专兼比大致为5∶5；在"适岗"阶段，学生大部分时间是顶岗实习，因此企业兼职教师比例进一步增大，专兼比大致为3∶7。

教学过程注意渗透职业资格考试教育，努力使学生既取得毕业证书，又取得职业资格证书。根据学生在不同阶段对知识和能力掌握的程度以及开设的课程，优选了适合每个阶段学生考试的职业资格考试。阶段一主要选择报考会计从业资格、保险代理人资格；阶段二主要报考保险代理人资格、保险经纪人资格、银行从业资格和金融英语证书；阶段三鼓励报考助理理财规划师。

根据各阶段教学目标和教学要求采用了不同的教学评价方法，第一阶段以知识考核为主，主要是试卷考核；第二阶段知识与能力考核并重，除试卷考核外，更重视对学生动手能力和从业能力考核，主要使用技能操作考核方式，同时引入了职业考核，以证代考，并把学生取得"双证"率作为考评教学质量的重要依据之一；第三阶段以能力考核为主，主要由企业指导教师对学生顶岗实习的结果进行综合评价。同时，为保障和监督教师教学活动的实施，设计多角度的教学评价体系，成立金融保险专业教学督导小组，加强教学过程管理，建立健全专业教学质量管理机制，采取学生、同行、督导多元评教措施，奖优罚劣，激励教师提高教学质量。

（一）显著提高了专业人才培养质量

从江西财经职业学院2009—2013级金融保险专业各班学生的实践结果反映来看，应用效果良好。学生连续3年获得江西省大学生科技创新与职业技能竞赛个人及团体一等奖。麦可思公司对本专业连续五年的跟踪显示学生录取报到率逐年提高，录取报到人数逐年增加、毕业生初次就业率达100%、对口就业率达80%以上，专业知名度、社会认可度得到了明显提升。

（二）有力推动了学校相关专业发展

该教学模式的实施效果和经验推动了从江西财经职业学院专业的教学改革和人才培养模式的转变。特别是将该教学模式应用到本专业群金融与证券和投资与理财两个专业的学生培养模式中，实行资源共享，取得显著成效。建成的4门省级精品课程及4门院级精品课程也是金融与证券、投资与理财专业的职业基础课程或职业技能核心课程。

（三）有效带动了兄弟院校同类专业教学改革

本专业牵头制定的"三项标准"（金融保险专业标准、课程标准、实验实训设备配置标准）已成为全国财政职业教育教学指导委员会的通用标准；四川财经职业学院、郑州财税金融职业学院、江西经济管理职业学院等省内外兄弟院校以及荷兰斯坦德大学、欧盟教育基金会专家先后来我校交流访问，本专业是交流重点之一。8门精品课程全部通过网络实现共享。出版的教材被广泛采用；《金融理论与实务》出版以来已印刷5次3万余册；《大学生就业与创业指导》被多所院校采用；《商业银行综合柜台业务》教材系财政部学历教材，并获得了江西省第五届优秀教材一等奖。

五、采用师生互动或同学互动的教学形式

各种线上教学互动的类型可以归纳为学生对教师、学生对专家（资源人士）、学生对学生、学生对教材、学生对工具（仿真程序、命题系统、游戏软件、学习工具）、学生对环境（搜寻引擎、线上数据库）等六类。我们可以再把这六类互动归纳为学生与教材互动、教师与学生互动及学生与学生互动三大类；其中，"学生与教材互动"主要运用在学生自学网络教材上，透过线上教材的层次结构、图文的超级链接、各种网络资源的提供，可以维系学生不断学习的动机，进而主动地控制学习，并追踪自己学习的历程。师生互动包括在线师生叙事听力、问答、离线帖子讨论、作业提交和评审、补充信箱中的师生问答，甚至课堂面对面的互动。师生互动的特点主要是个体化和单线化，这是教师与学生个体的差距。交际互动的主要形式，而生生互动则强调社会学习和合作学习理论，重视生生互动，多线互动，他们的教学活动大多是以小组讨论、合作项目和分配相互评价。

在网上教学中，我们通常采用师生互动和生生互动两种方式，但比例因网上教学系统而异。教师可以按照一对一、一对多、多对一、多对多等方式规划在线教学中师生互动的设计。他们每个人都有自己合适的时间，学校系统应该允许教师灵活选择不同的策略，并给予充分支持。

心理学将互动理解为"人际交感互动关系"是一种双边或多边的往复多次的刺激反应过程，当互动双方中的一方为教师，另一方为学生时则称为师生互动。师生互动从本质上讲"是一个包括发生在多种情境中的、具有多种形式与内容的互动体系"它既不单纯围绕教，也不单纯围绕学，是强调目标导向性的师生教学交互过程。在本节中，所谓"大学课堂师生互动"就是将师生互动的情境限定在大学课堂范围之内，是一种狭义上的主体为教师（教授）与大学生的师生互动，双方以课堂教学目标的达成、教学效果的实现为中心，

进行持续不断的刺激反应过程，最终目的是提升教学效果。课堂师生互动的形式大体可以分为两类：一类为单纯语言互动的传统型互动形式，包括提问引导、小组讨论等；另一类以语言互动为主、信息技术为辅助的信息型互动形式。由于信息技术与互联网的普及介入，以翻转课堂、MOOC、"雨课堂"平台互动等为代表的信息型互动形式渐渐走入课堂。当然，信息技术的介入只是为了提升实际互动效果，信息型互动形式仍离不开课堂的语言教学。

促进师生双方的发展。师生互动是发生在师生之间的真实的情感投入与信息交流；在与教师的互动过程中，学生不仅学会了倾听、交流等技能，而且在交流的过程中对自己的思想、情感、态度、价值观等方面都会有着潜移默化的影响。在此过程中，教师也会反思自己在教学中的思想和行为，对其自身的发展也起到了一定作用。

促进教学效果的实现。从《基础教育课程改革纲要》对师生互动提出的大力推进要求可以看出，师生互动在课改中起着重要作用，新课改理念更强调在教学中学生的主体地位和教师的启发诱导，对师生互动有着更高要求。此时，高等教育也发现师生互动对实现教学效果的有效作用，并在大学的课堂中积极开展起来，当然，此前在大学的课堂里并不缺乏师生互动的教学形式。

促进和谐校园的建设。教师与大学生是构建和谐校园的主体，两者的和谐互动既是学生获取知识的前提，也是教师教学获得成功的保障。和谐的师生关系既有助于激发教师将教学智慧应用于师生互动中，克服职业倦怠，也有助于提高学生的学习兴趣，把提升自己作为追求的目标。师生关系作为校园人际关系最基本也最重要的一层，它的和谐也是建设和谐校园的基本前提，要发展、维护好这层关系则需要不断加深良性的师生互动。

姚蕾曾在2016年做了一项研究，结果显示目前大学课堂上最常运用的两种课堂师生互动行为分别是"教师提问，学生答"和"学生准备PPT来讲，老师评"。可以看出，在互联网信息技术普及的今天，语言互动仍在大学课堂中占主要部分，而介入的信息技术却并不像社会发展那般广泛先进，反而手段单一且推广力不足，最为明显的是PPT等办公软件的使用。全国高校里，几乎没有不运用此项技术的，而目前的科学技术手段发展程度已经远远超过了单纯使用办公软件的阶段。作为接触高深知识、高深技术研究最多的高等教育机构，大学发展高深学问的职能使创造更高层次的信息技术式师生互动成为可能，但由于专利版权与资金成本、不同高校的办学理念、学校决议、教师应用信息技术水平等因素，造成成果转化不成功，信息技术在大学课堂师生互动中的推广力不足，应用率低的现象。

随着知识经济的发展，互联网的普及应用，信息技术开始介入大学课堂的师生互动。其一是因洪堡时期大学增加的科学研究活动促使大学将信息技术应用于课堂师生互动成为可能。比如MOOC课程管理系统的研发；"雨课堂"平台的建设等。以目前还没有广泛应用起来的"雨课堂"来讲，它的前身是清华大学在MOOC平台基础上组建的，组合使用线下活动让师生教学紧密融合，促进大学课堂的师生互动。可见，发展高深学问、应用高深学问的大学职能的发挥也是信息技术得以介入课堂师生互动的原因之一。现实中我们发现，信息型互动形式最先引入的是大学课堂，而广泛应用却是在基础教育阶段。无论是《基础教育课程改革纲要（试行）》提出的"大力推进信息技术在教学过程中的普遍应用"要求，还是基础教育阶段多样的师生互动模式，都使得该阶段的应用最为广泛，甚至在对课堂师生互动的研究时大多也都是针对基础教育阶段的。这与信息型师生互动形式来源于传统型师生互动形式，又高于传统型师生互动形式有很大关系。

信息技术的应用已由最初的教师单方应用发展为师生双方应用。比如，"雨课堂"平台的智慧课堂界面有问答互动、难点反馈、幻灯片推送和弹幕功能等，针对课后部分还有试卷推送功能。这些功能都需要教师具备一定的应用技能，而对于一些教师来讲，悦纳这些技术对其思想观念和技术能力都具有一定的挑战，尤其是高龄教师，这些教师的经验阅历、学识水平是年轻教师不具备的。但是也因为年龄这一点，在一些高龄教授中很难接受先进技术进入他们的课堂，甚至在PPT等办公软件普及的今天仍以板书教学。随着年龄增长，教师们的体力、视力等生理退化问题也使得他们在信息技术应用上有心无力，如何改变这种情况也是目前信息技术手段应用上有待解决的问题。

推广是信息技术手段在课堂师生互动中首先要解决的问题。具体要从学校和个人两方面入手。针对研发高校来说，专利版权的申请、认证与保护是其能否推广的最主要问题，而在法治化的今天这已渐渐不成问题。对除研发机构外的其他高校来说，办学理念与学校关于技术采购的决议等因素都影响着推广进度，转变高校整体的教学观念是重中之重，《国家中长期教育改革和发展规划纲要（2010—2020年）》提出"加快教育信息化进程"以及"互联网+教育"布局都表明了国家对信息技术应用在教育中的认可。此外，资金成本是影响研发机构的成果能否推广到其他高校的重要原因，促进研发机构降低成本、提升价值、获得其他高校的认可，是科研成果推广的必由之路。对于个人方面，培训教师的信息技术应用能力，是促使信息技术在课堂师生互动中发挥作用的前提保障。

接受与已有习惯不同的事物，必须更新自己的价值观念。教师应转变"嫌麻烦"的思维，认识到信息技术手段的作用，积极学习新知识、新技术，提升自身的教育教学技能。作为大学老师更应拥有一种"大学生思维"，拒绝墨守成规，乐于探索新鲜事物，发现其中的利与弊，进而接受，这比墨守成规的拒绝更能推动教育事业的发展。高校资深教师多是研究生导师，每年都会培养不少的研究生，让这些研究生作为他们的助手进入课堂，既可解决高龄教师们有心无力的问题，也是对研究生们的培养锻炼。此外，如果在研发阶段通过技术手段解决这一问题则可以更好地促进信息技术手段在课堂师生互动中的应用。

信息技术的应用已发展为师生双方的互动应用软件形式，这更加有利于师生双方在课堂范围内的参与度。教师可以通过邮件方式得到学生微信扫码进入课程的情况，之后在手机上点击开始上课并控制课件播放，学生端也可同步接受课件。平台有问答互动功能，课程中学生如有不理解的内容可以随时点击"不懂"或发送弹幕第一时间反馈给教师，教师可以随时根据学生反馈调整教学策略，避免学生因教师的权威或羞于表达而缺少课堂参与，既提升学生互动的趣味性，又促进教学效果的达成。可见，信息型互动形式紧跟时代发展。

另外，隐喻的认知特性可以拓展英语学习者学习词汇的思维方式，在学习英语词汇时，学习者可以在相对较短的时间联想出意思，做到灵活的掌握词义，让英语学习增添一丝兴趣。但是，隐喻式词汇学习仍处在探索阶段，加之认知语言学还处在被认识和接受的过程中，同时隐喻式词汇的记忆只能解决一部分词汇的学习，不可能解决所有词汇，在以后的研究中，隐喻对词汇的影响仍是需要不断探索的问题。

六、采用单独教学或团队教学

网络教学不仅是一种相对较新的教学形式，也是一种费力的教学形式。难怪许多保守的教师对网络教学持一种遥远的态度。在网上教学系统的设计中，一些教师认为权力是由单个教师根据自己的想法来集中和判断的。教学计划会更有效，但是很多老师会倾向于找一些志同道合的人，并愿意一起努力减轻工作负担和责任。

单独授课的教师必须对同一课程或班级的教学负全部责任，他们的教学工作很艰巨，他们必须拥有更多的信息技能。因此，学校应该给予足够的支持，减轻课程或班级数量的负担。当在教师团队中教学时，学校应该清楚地了解如何教学。系统的人员、职责、薪酬和支持级别的详细信息。团队教学视参加成员的多少，任教角色可以再分为主任教师、线上教师、线上助教、评量教师、技术支持人员等，分别负担线上教学的各项工作；若有多人共同负担一项角色，其工作的分配可以再分为三种模式一起承担、分项工作或主从制。学校在教师组成的制度上要保持弹性，并能鼓励教师依教学效能来做最好的组合。

因各人对事物的整体看法不同，从而产生了个性之间的差异，因此教学过程需要因材施教，通常情况下，钢琴的传统培养和教学都是一对一的单独辅导模式，教学难度在于听和看，学生的练习过程就是学生学习的过程，也是教师教学的过程。这个过程需要老师和学生的相互交流，但是由于人数众多，教师资源少，所以高职钢琴集体课教学必须突破传统的教学体制，推陈出新，打破教学的局限性，提高教学水平。

钢琴练习属于长期积累的过程，需要投入大量的时间和精力，高职学校教学也是单一的教师为辅，学生为主的教学体制。任何教学方法都要求学生进行大量的课余练习，高职学生的课程种类繁多且学习压力大，钢琴只属于课程学习中的一部分，理论知识类的课程也占用大量的精力和时间。因此高职学生可支配的时间极少且零散，不能满足钢琴练习的基本要求。

高职钢琴集体课教学中任课教师的评价方式单一并且多数属于自主评价，没有全面、综合的评价标准。教师的评价可能会带有其感情色彩，不能客观公正地反映学生的进步状况和学习成绩，不利于提高学生对钢琴的自主学习热情。高职钢琴集体课教学由于学生人数较多，多数任职教师对学生的评价来源于上课的出勤情况，忽视了学生上课的表现和学习能力，评价依据单一。考评时钢琴的考评内容应依照学习课本、课程大纲进行钢琴考评，不同的学习方向有不同的考核规定和考核内容，任课教师的考评内容，多数未按照教学体制要求制订，考核内容单一且没有代表意义。

在集体的教学环境中，任职教师通过改变以往的传统教学方式，因材施教，从多个方面出发推选出各个方面优秀的学生代表，通过学生代表的带动和鼓舞作用，转变以往的传统教学方法，通过学科代表来带动集体的学习。学科代表也能够协助教师完成相应的教学任务，提高学生学习的积极性，实现多方面多层次的教学体制。利用学生代表与全体学生交流讨论，找寻出教学方面的不足，完善教学体制。

有计划地制订相对应的教学课题，规划出对应的教学方法，任职教师应当改变以往的教学方式，形成多样化、多方面的教学观念。对集体学生进行分组教学、分类教学，这样既有集体的授课方式，也有传统的独立教学。在示范和授课中采取小组方式，通过小组之间的讨论形成特色的教学方式，节约教学成本，提高教学水平。通过对小组的授课，让任课教师都能直观了解每个学生的学习情况，对学生做出全面、综合、客观的评价，通过满足不同学生的个性需求，制订独具特色的授课方式，开辟一条适合钢琴教学发展的道路。

分别制定班级、小组的教学管理制度，制度的制定能确保教学任务的效果和质量。对高职学生的学习任务进行浓缩，改变以往的教学方式，增加高职学生的可支配时间，定期对任职教师进行考核、评价。通过对任职教师的评价能更好地认识且改变任职教师的教学方式。定期进行教师教研，引导其发现教学中的不足和空白。对教学和考核的要求进行改变，改变评价方式减少教师的自主评价，通过学生上课的表现和实践能力客观反映学生的平时学习情况，对考试内容和要求进行讨论和参照。

转变高职钢琴集体课教学模式，以适应现在日益多变的发展状况，顺应教育的多样化，满足集体教学，是提高教学水平的重要要求，应当努力做到提高教学水平和提高教学质量的有机统一。在高职钢琴集体课教学模式中，以集体为单位的教学方法和以小组为单位的单独教学，都要解决学生练琴时间和课堂气氛的问题，解决了这些问题学生们才能提高上课的积极性，增强对钢琴技能的了解，实现高职钢琴集体课教学的目标。

第三节　线上教学的历史沿革

线上教学教学模式的出现回到课堂上进行师生、生生间的交流与分享，引发了近十年来教学方法改革的新思潮，主要是实现教学目标的一种教学形态。虽然以教师创建或推荐为主的网络教学视频教学资源在2007年已经出现，但是直到2010年才有了互联网技术来源，学生在国内外观看了讲解，然后在可汗学院的基础上兴起。书院只是在一定程度上解决了在线教学模式在教学视频制作上的巨大工作量，使得在此基础上制作高质量的教学视频翻转课堂教学模式迅速风靡全球，也让人们真正开始认识到网络教育的巨大价值和潜力。2012年，以MOOC为代表的网络教学思潮席卷全球。通过在课堂上打断问题、提问和教学视频中的专题讨论，它增加了在线学习过程中的交流、互动和反馈，使得开放式在线教育经历了迅猛发展。然而，根据Coursera、Udacity和EDX的统计数据，MOOC平台上注册用户的数量仅占井喷用户数量的5%，这使得它因质量危机而引起争议。MOOC出现这些弊端的主要原因是，由于缺乏资格预审条件，学生的基本背景参差不齐，导致MOOC注册率高，完成率低。实践证明，MOOC既不能完全颠覆原倡导者所期望的现代教育模式，也不能造成反对者所担心的社会秩序，造成混乱。为了充分发挥以MOOC为代表的线上教学所具有的开放性、便捷性、资源丰富性、学习自由性等优势，弥补其在个性化学习、教学模式多样性以及评价方法的全面性等方面的诸多不足，CMOOC、XMOOC、SPOC等的出现是对线上教育的新尝试,被称为"后MOOC时代"。正如英国东安格利亚大学的多米尼克·卢克斯教授所指出的那样MOOC不大可能成为高等教育的救星,也不大可能造成传统大学的解体!最有可能的未来是开放新的访问平台,供人们了解更多内容。慕课将会因为与传统大学合作变得更传统一些,但像所有"革命"一样,其也会让大学变得与从前完全不同!因此,以计算机和网络为中心的信息技术为工具,促进学生在自主学习中的认知、合作、体验和知识内化,改变传统的教学,是未来教育改革和发展的必然方向。以教师为中心的教学结构,构建新的教育导向的主体结构。作为一线教师,应将网络教育与传统教育相结合,将课程资源与教学活动深入整合,充分发挥各自的优势,针对不同的课程和受众群体进行精致的教学活动设计,以及探索更具针对性的现代教育模式。

2015年3月,十二届全国人大三次会议上的政府报告中首次提出"制定'互联网+'行动计划",同6月举办的中国"互联网+"创新大会河北峰会上,业界权威专家指出"互联网+教育"不会取代传统教育,而会让它焕发出新的活力。通过互联网平台,利用信息通信技术,教育行业和互联网相结合已成新趋势,线下(offline)的物理空间和线上(online)的网络空间日趋打通并共同构成了线下与线上深度融合的O2O(online to offline)。O2O(online to offline)这个概念最早由美国Alex Rampell提出,其原意是指在电子商务领域通过线上营销和线下经营相结合,以互联网作为线下交易前台,线上招揽客户,线下提供服务,从而提升了电子商务的服务水平和消费者的购物体验。O2O模式在电子商务领域的成功应用引起了教育界的高度重视,所以教育领域的O2O,就是充分利用互联网技术,将线上教学(网络教学)与线下教学(课堂教学)相结合,促使线上线下教学过程优势互补,使课堂教学的时空延伸到网络的新型教学模式。

在"互联网+"引领时代发展的潮流下,传统的高校教学模式已经受到挑战,引入O2O教学模式,即借助现代网络技术,让学习、探究等活动能够在线上和线下充分展开,从而可以把学习过程中所聚焦的问题进行有效的讨论或解决。O2O教学模式的引入,进一步推动了互联网与高等教育的深度融合,重构了教育模式,拓展了高等教育的空间;O2O教学模式的实施,实现了教学智能化管理,丰富了教学内容的多维化、教学方式的互动化;O2O教学模式的推行,颠覆了"以教师为中心"主导整个教学过程的传统模式,使学生成为学习的主体,真正促进了教育理念的变革。

在传统的授课过程中由教师进行支配和主导,仅仅凭借教师讲授,学生听的单一授课方式。而O2O课程则通过聘请具有一定教学管理经验的教师建立线上虚拟班级,将授课内容拓展到课外(线上),学生通过网络平台上的微课、在线视频等新媒体,自主学习重点知识,利用课堂时间(线下)组织互动学习小组进行探讨、交流,以便完成知识的消化吸收,从而加强学生的自主学习能力,更好地促进学生协作沟通能力和创新能力的提升。高校构建的O2O课程体系能够打破传统课程的时空局限、翻转传统课堂教学中的"教"与"学"、颠覆师生的主体地位,使O2O课程的开设具有开放性、体验性、前瞻性。O2O课程体系的设计具有完备的要素,围绕课程目标、课程内容、课程要求3个方面对原有的课程体系进行解构,跳出学科体系的藩篱,对知识点进行模块化设计,精心取择、凝练、组织教学内容及其他环节,将各知识点进行重构、衔接,从而构成该课程完整的知识体系,将学习从存储知识的过程向应用知识、创造知识的过程转变，下面介绍 O2O 课程体系的设计方案。

第四节　线上教学的特点

　　网络教学具有内容多样化的特点。它采用文本、声音、图片和图像的主要教学方法，将多媒体技术、网络技术和现代教育方法有机地结合起来。它具有多种媒体信息传输和人机交互功能，可以实现网络多媒体信息传输和资源共享，特别是在类似临床上营养课程内容的理论，通过对相关资源的研究，学生可以更好地掌握课程的知识点；同时，与课堂教学相比，它的学习地点和时间具有明显的随机性，学生可以随时随地通过网络教学学习知识。

　　但是随机性导致一系列问题，比如，对于班级用户的渴望从 2013 年的 13 万增加到 2014 年的 65 万，但是辍学率仍然很高，至少有一半的学生不会参加，而且只有半数学生参加最终可以完成课程，在短短的一年的研究中，虽然中国学生对于课程的完成率有所提高，但是开放课程的辍学率仍然很高。如此高的程度表明，网络课程的快速发展可能只是表面上的繁荣，但实际教学效果并不令人满意。原因是他们研究的随意性。与此同时，在线教学只涉及人机交流，非常缺乏人与人之间的交流。通过收集大量材料和录制视频材料，结合相关教学大纲、教学讲义和临床营养学各章的课件，并将大量相关材料上传到互联网上，学生可以在老师的指导下从互联网上获取大量信息，并独立查询相关材料，从而实现选修课的教学目标，即扩大知识面。

　　但总体而言，线上教学利大于弊，大致特点如下。

　　微信作为一款跨平台的通信工具，支持单人、多人参与，是目前国内使用人数最多的即时通信平台，截至去年 6 月底，微信在国内手机的覆盖率已达 94%。因微信软件具有免费、实时通信效率高、沟通成本低、传播内容多样、多媒体兼容等众多优势，在学生中的普及度与使用频率极高。但微信使用毕竟属于私人行为，基于微信的线上学习存在无监督、无指导、随意性等不足，如何扬长避短，将微信作为大学体育教学的辅助工具发挥积极作用，在构建大学体育混合式教学中将基于微信的线上教学设计成学生课外自主学习与锻炼的资料库与动力源，让学生践行终身体育，是移动学习大潮下非常值得探讨的问题《全国普通高等学校体育课程教学指导纲要》中指出，大学体育课程以身体练习为主要手段，通过合理的体育教育和科学的体育锻炼过程，达到增强体质、增进健康和提高体育素养为主要目标的公共必修课程，是集促进身心和谐发展、思想品德教育、文化科学教育、生活与体育技能教育于身体活动并有机结合的教育过程。大学体育混合式教学，是通过引入新教学工具——微信，来辅助增强学生强身健体的运动技能与终身意识，它以混合式教学为基本理念，以建构主义教学理论、个性化学习理论、信息加工理论、艾宾浩斯遗忘曲线、人本主义学习理论、运动技能形成规律为设计与操作依据混合式教学，是把传统学习方式的优势和数字化或网络化学习的优势结合起来。既发挥教师引导、启发、监控教学过程的主导作用，又充分体现学生作为学习过程主体的主动性、积极性与创造性。课堂之上，教师充分发挥面对面教学的优势，有效营造良好的现场学习氛围，促进现场学习、及时互动和纠错；课堂之外，教师为学生提供丰富多彩的线上知识与畅通无阻的咨询平台，引导并促进学生自主学习与锻炼。

建构主义教学理论认为，学习过程不是被动的刺激反应模式的建立，而是一种主动建构的过程。该理论强调学习的主观性、社会性和情景性。在教学中应加强学生主动学习意识的引导与能力的强化。教学设计要强调学生的自主学习能力的培养，并为学生自主学习提供机会。

个性化学习理论认为，学习过程既是个性的展现和养成过程，也是自我实现和追求个性化的过程。学习过程应针对学生个性特点和发展潜能而采取恰当的方法、手段、内容、起点、进程、评价方式等，促使学生各方面获得充分、自由、和谐发展。教学过程中及教学内容提供时应允许多样性与丰富性。

信息加工理论认为，学习者自发的控制和积极的预期是制约课堂教学有效性的决定因素。为了高效率地学习，学习者必须对一些刺激做出反应，在学习初期学习者的感觉器官就应该朝向刺激源，做好接受刺激的心理准备，预期的内容能使学习者产生一种连续的学习定势，使他们的心向在指向于目标完成的过程中选择每一加工阶段的信息输出，完成对学习者"头脑中已有"目标的应答。教学设计时，创设课前预习环节有利于提升教学效率。

艾宾浩斯遗忘曲线，描述了人类大脑对新事物遗忘的规律。人在学习中的遗忘是有规律的，遗忘的进程很快，并且先快后慢。遗忘曲线告诉我们学得的知识在一天后，如不抓紧复习，就只剩下原来的25%。随着时间的推移，遗忘的速度减慢，遗忘的数量也就减少。因此，及时提供复习材料，督促学生及时复习有利于提升学习效率。

人本主义学习理论认为，生长与发展是人的本能。人具有主动地、创造性地做出选择的权利。重视学生情感体验，创设促进学生学习的良好心理氛围，使学习者成为充分发展的人。在线上平台应积极营造畅通无阻的沟通氛围，建立学习内容与学习者个人之间的联系，引导学生在一定的范围内自行选择学习材料，培养学生自发、自觉、自主的学习行为。

运动的技能的形成，是由简单到复杂的建立过程，并有其建立、形成、巩固和发展的阶段性和生理规律，每一阶段的长短随动作的复杂程度而不同。一般可分为相互联系的泛化、分化、巩固、动作自动化4个阶段。大学体育教学的主要任务是提高学生身体素质、促进健康与心质的平衡发展。运动技能的学习在整个学习期间能够占到80%，因此，根据运动技能形成规律，线上教学平台可以阶段性地推出相关教学视频与要点提示以促进技能迅速准确地形成，并引入与课堂技术教学相关性强的理论知识实现对学生的课外学习指导。

通过访谈与问卷调查获知，当代大学生喜欢手机与网络，生活、学习、锻炼等对无线移动终端出现依赖性。具体表现为2/3的人会一有空就看手机，第一个想看的手机软件就是微信与QQ消息，其次是空间与朋友圈，再次是今日头条、微博、新闻、知乎、小说、游戏等。睡前看手机者占到70.59%，81.52%的人看手机是因为幻觉，97.5%的学生会看老师在微信上发布的各种信息，课后主动复习的人只有54%。课后没有主动复习的原因在于自控力差、缺乏材料、缺乏指导。80.41%的学生喜欢传统教学，原因在于喜欢有老师监督与辅导。课外锻炼以散步、跑步和跟随手机APP锻炼为主，渴望老师指导。

可见，微信具有非常好的使用基础，通过微信辅助教学是可行的。但是手机的使用已经严重影响到学生的日常生活作息，出现手机控的迹象。大学生课余自主学习意识不强，培养自主学习、主动学习的能力任重道远。关于学习形式，虽然线上教学存在得天独厚的优势，但还需精心设计，加强与所学课程的相关性，并在使用过程中提出相应要求，不然可能会流于形式。大众健身、健康中国大趋势下学生的健身意识已经萌芽，学生的课余锻炼需求增强，但缺乏专业指导。

对策①引导规律作息，促使健康生活方式的养成，线上线下同时传递健康理念与方法；②通过线上积极引导和创设环境，培养学生自主锻炼/学习行为；③精心设计线上资料库，将线下的课堂检查与线上的学习资料提供有机结合；④根据学生需求因势利导进行大众健身常识与运动处方知识的传播及健身意识的巩固，提供移动学习资料，方便学生课外自学与训练，鼓励学生使用微信群或个人微信或微信公众平台与老师进行交流互动。

根据微信群、好友、公众号、朋友圈的功能、特点与限制性，在大学体育教学中，通过微信，可以实现以下教学策略。针对这些教学策略，为了提高课改效率，教师需要提出使用要求，以帮助学生建立积极有效的学习意识。在使用微信群时，主动关注群内公告；定时掌握课程安排；自觉进行课前预习；积极进行课后复习；积极参与群内讨论；有问题随时留言；按时提交作业。通过微信好友，鼓励学生有问题可随时随地与老师互动。对公众号信息，学生应主动关注课程通知，可以随时进行课后复习、学会主动学习、积极拓展课外知识、不断提高自己的信息素养。对于朋友圈，定时翻看，提高自我管理能力，加强自律，不沉迷。

线上教学，为学生提供了新型学习环境；良好的教学体验，可以激发学生自主、深层、长久地学习。怎样才能营造良好的教学体验呢？以相关教学理论及运动技能形成规律为设计理念、从学生生活学习锻炼现状出发，参考线上教学研究成果，对一年多的线上教学实践经验进行总结，得出结论。基于微信的大学体育混合式教学中线上教学的设计与使用需注意以下几个方面。

越简单越容易被学生接受和使用。微信具有普及率高并可以免费获取、操作时不需太强的专业技术，选取微信为线上教学平台具有成本低、惠及人群广、使用简单等优势。教师需要针对微信的功能稍加研究与开发，明确各部分的职能。例如学期之初建立班级群，所有的通知、信息发布、咨询以及简单的讲座都可以在群里发布，方便学生找老师，更方便老师找学生。班级群为师生提供了一个虚拟集体平台，虽然大家不能面对面，但是并不妨碍彼此间的信息沟通。线上教学以班级群为"课堂"，以微信公众号（实现对教学内容的永久呈现与针对性查询）为"教材"，个人微信及朋友圈为"辅助教具"。所谓的易用，既包括软件的易获取，也包括界面呈现的艺术性，能带来良好的用户体验。界面呈现需考虑的因素有主题、内容、排版、多媒体应用等，这就需要老师在学期之初花些心思在平台设计与内容选择上。

线上教学的辅助功能应体现为课前预习、课中辅助（例如大学体育理论课的教学）、课后复习，因此教学内容的选取与传达都应与传统教学紧密相关并注意呈现时机。另外，线上教学内容还应注意系统性，老师需要在传统教学精心备课的基础上梳理出一条具有逻辑性的脉络，将线上教学内容依据实际教学进度和这条脉络以小段呈现，这也是专门性教学平台与普通网络资源的重要区别。

老师根据所教的运动项目，为学生提供更广泛、深入的专业技能信息。例如，国内外各种级别的竞赛信息、基础技术及高难技术、全民健身政策、国民体质测试政策等。筛选正能量的励志故事启发学生心智，来弥补传统教学内容的单一、枯燥。

教师通过课内外交谈、问卷调查、期中期末反馈、科研成果阅读等方法了解当今学生的心理特点与需求，选取激发学生兴趣的内容来引导正确的生活作息和课外锻炼。例如瘦腰瘦腹、加强上肢力量的方法、中医养生理论、蜜桃臀训练、运动处方、运动损伤应急处理、体能训练与康复等激发学生兴趣的内容。包括运动技能学习方法的引导、运动锻炼习惯的养成、数字化素养的培育等有助于提升学生生存能力、幸福感和生存质量的内容。在推送线上教学内容之前，需先确保内容的科学性，教师应有高度的责任感，为传授的知识负责，激发学生对线上教学的信任。

组织，是指使分散的人或事物具有一定的系统性或整体性。纪律，是指党政机关、团体、部位、企业、学校等所制定的，为所属人员必须遵守的行为规则、条文。虽然线上教学最大的特点是自由，但在明确界限下的自由才是真正的自由。什么时候能够进行线上学习，什么时候不用，都应该在学期之初让学生明确。调查显示自认为具备良好自律能力的学生占 23.73%，在约束力弱的线上教学中，除了通过激发学生自律意识这个内因之外，还应建立相应的课堂纪律这一外因来帮助学生提高自律能力。现状表明，学生日常使用手机的频率（使用手机的时间与睡眠以外可自由支配的时间之比）超过 1/2 的人有 69.48%，可见学生使用手机的频率比较高，这为线上学习提供了非常大的可能，但如果没有正确的引导与纪律要求，学生可能花费在线上学习的时间并不多。除了对学生做出要求之外，教师在可控的情况下让信息发布呈现规律化。有序可以节省参与者大量的体力。

理论上，线上教学能够为大学体育提供足够多的交互通道，不仅可以一对一、一对多、多对一、多对多，还可以打破时空限制，实现实时交互与措时交互，拓展师生关系、生生关系，让学生对线上教学更有亲近感。实践中，教师需要用心维护这些可能，否则也会导致这些通道名存实亡。例如及时回复学生信息，及时发布教学信息或通知公告，及时更新公众平台信息，开通多种渠道，鼓励学生留言，鼓励学生。参与平台建设，布置任务促进学生技能掌握与相互间的非正式学习。良好的交互通道加上深刻的教学反思，有助于教学质量的提高。

大学体育具有较强的身体参与性，以身体机能、形态、心理等各方面的提升与改善为主要表现形式，基于微信的混合式教学需要针对大学体育的独有特点，遵循建构主义教学理论、个性化学习理论、信息加工理论、艾宾浩斯遗忘曲线、人本主义学习理论、运动技能形成规律等理论基础进行设计。

大学体育的教学对象（学生）存在使用手机频率高，睡前看手机、自控能力弱、手机控迹象等不良生活习惯；课余锻炼形式简单，渴求复习材料与专业指导，自主学习能力不足，喜欢被动式有监督有约束力的教学的现象。通过微信辅助的线上教学，可以轻松植入学生生活，解决教材与课外指导的问题，提供投影仪的功效，以及解除师生交互的时空限制，为自主学习创设环境。但滥用手机与自控力缺乏的现状不容忽视，老师在线上教学设计与应用中需特别注意。

基于微信的大学体育混合式教学中线上教学还需注意设计应简单易用、内容应仔细甄选、线上学习应有组织纪律性、线上交互通道应畅通。

一、学习时间、地点上的随心所欲

只要你有电话线和电脑，你就可以上网学习，而不必在周六或周日早上 9：00 去上课，远离你的家。远程教育允许学生完全根据自己的需要灵活安排学习时间。突破对学习时间和地点的各种限制，学习者可以随时随地通过网络学习课程，处理好工作、学习和生活的矛盾，从而真正掌握学习的自主性，避免上述奔波的困难，在学习上可以花更多的时间和精力，充分享受学习的乐趣，没有时间、空间的限制，如网络学校建立 EduSoho 可以在电脑上、在手机上，随时随地地观看和学习，使在线学习更加灵活。审计实务课程是高职院校会计、审计类专业的核心课程，因课程对应的是复杂的审计实务工作内容，具有政策性强、涉及知识面广、所需的综合技能要求高等特点。在传统的课堂教学模式下，教师课堂需要讲授的课程内容非常多，能在有限的课时内讲授完全部内容已属不易，更谈不上留给学生充分地吸收、消化与应用练习的时间，因此在教学过程中普遍存在学生学习积极性不高、畏难情绪严重、教学效果不理想的情况。

近几年，随着信息技术在教学中的积极应用，在审计实务课程的教学中也进行了改革，考虑到审计实务课程的教学实际，笔者认为，采用线上线下结合的混合教学模式会更适合审计实务课程的实际教学需要，有助于取得较好的教学效果。

混合教学模式就是将网络线上与课堂线下相结合，通过多种形式的结合来弥补单一教学模式所存在的不足。采用混合教学模式，审计实务课程的教学整体设计思路是将原有的授课学时分成线上学时与线下学时两个部分。线上教学部分由学校选择合适的教学平台，教师收集、提供、整合合适的学习资源，在线发布，由学生自主安排学习，不再集中进行课堂教学；线下教学继续沿用课堂教学形式，但在学习的内容安排、组织方式等方面将发生重大的转变，变革以学生的团体协作、个体应用练习为主，强调技能强化训练。

在混合教学模式下，审计实务课程的教学内容分为两个部分线上教学资源和线下课堂教学内容。具体构建了四个模块线上学习模块、线上测试模块、线下教学模块、线下任务模块。

利用学校统一采购的网络教学平台，教师先行梳理审计实务课程的教学内容，将适合学生进行线上学习的内容制作成课件或学习视频放到网上，交由学生进行自主学习。对于不容易理解的内容学生可以通过多次点击播放学习，取得远高于传统课堂教学下的学习效果，充分考虑了学生的个体学习差异。

二、学习进度上的随意安排

每个学生的理解能力不同，课程的难度也不一样。所以一些学生有很高的理解能力，他会学得更快，有些学生的理解能力差，所以他学得很慢，有些章节比较简单，更容易理解，有些章节是困难的，可能需要反复学习掌握。但是，传统的教育在教学过程中是固定统一的，很难考虑学生个体的学习特点，并不是因为某一章节的学生没有掌握而重新理解整个课程。但是而是远程线上教育的课程是在网上制作的，想学习哪一章就可以学习哪一章，想学习多长时间就能学习多长时间。学生自己掌握，熟悉可以缩短上课时间甚至不学习，而且自己比较难理解可以安排很多时间，完全不受任何限制，对于无法理解的问题，可以反复听直到理解。

心理学将互动理解为"人际的交感互动关系"是一种双边或多边的往复多次的刺激反应过程，当互动双方中的一方为教师，另一方为学生时则称为师生互动。师生互动从本质上讲"是一个包括发生在多种情境中的、具有多种形式与内容的互动体系"。它既不单纯围绕教，也不单纯围绕学，是强调目标导向性的师生教学交互过程。在本节中，所谓"大学课堂师生互动"就是将师生互动的情境限定在大学课堂范围之内，是一种狭义上的主体为教师（教授）与大学生的师生互动，双方以课堂教学目标的达成、教学效果的实现为中心，持续不断地刺激反应过程，最终目的是提升教学效果。

对于审计实务课程而言，众多的理论知识点是学生的学习难点，这是最适合作为线上学习模块的内容，具体包括审计工作的基本认知，审计基础方法的原理介绍，审计实务工作中所涉及的具体理论知识点，审计工作底稿模板等。在设置线上学习模块时，可以按照学生学习的进度，不断深化、细化，分三个层次准备学习资源。第一，将必须掌握的知识点录制为5~10分钟左右的核心学习视频，由教师结合教材、讲义、课件等进行讲解阐述。第二，每个核心学习视频再配备教师收集整理的其他补充学习资源，由学生在线上学习时展开配套使用。第三，为学有余力的学生准备拓展学习资源，充分考虑学生的个体差异。

因为线上学习由学生自主安排，考虑到惰性因素，必须采用一定的监测手段来进行控制与引导，因此每个线上模块要配有对应的测试模块。单个测试的内容不宜太多，以测试核心知识点的掌握情况为主，通过测试结果的统计分析，能够有效了解学生自主学习的进度与效果，可以结合数据分析来调整后续的教学安排和学习资源。在线下课堂教学活动中，教师以学生的技能培养为主，强化训练，组织学生模拟审计实务工作的不同阶段，进行操作演练。转变原有的课堂教学方式，突出学生的主体地位，充分调动学生的参与积极性。

（一）线下教学模块

线下教学模块的内容主要是安排每次线下课堂教学的具体内容。因为已经将原理知识放在线上学习，所以在线下课堂教学中主要对线上情况按进度进行反馈，围绕核心知识点、结合线上测试情况进行串讲，而非系统讲解，其内容以审计实务工作的业务流程为主线，围绕实务工作的具体步骤组织线下教学，以学生的技能训练为主要内容。

（二）线下任务模块

线下任务模块主要是配合线下课堂教学而设置的，在进行知识掌握、技能训练后，设置完整的业务训练任务，由学生以小组形式分工完成。具体包括初步业务活动的开展、风险评估、实施阶段的典型工作、报告阶段的工作等。每个线下任务前后关联，学生团队完成线下任务后，即模拟了审计实务工作从准备阶段到实施阶段，最后报告阶段的完整流程。线下任务的完成情况既能综合技能训练，也能有效反映学生知识内化的具体效果。

采用混合教学模式，审计实务课程的教学组织上有了较大的改变，课程的具体教学实施分四个典型步骤进行，具体以审计实务课程中的销售与收款循环审计部分为例。

第一步，教师在线上教学平台中发布学习任务，要求学生在课堂教学开始之前，自主完成销售与收款循环学习模块的线上学习任务。包括查看核心知识点的学习视频（销售与收款循环的业务活动与主要凭证记录、营业收入的审计程序、应收账款的审计程序等），认知销售与收款循环审计中使用的典型审计工作底稿（营业收入审定表、应收账款审定表等）。

第二步，利用线上测试模块进行自主学习效果的检测，统计分析学习数据。线上教学平台可以统计学生学习教学资源的有关数据，及时采集后，线上通报，对未及时完成的学生进行督促。同时，要求学生在指定时间内进行线上测试，完成销售与收款循环的测试1——业务循环的基本认知、测试2——重点审计账户的基本知识，了解对线上资源学习掌握的情况。

第三步，开展线下课堂教学，结合线上测试情况有针对性地进行知识点串讲和对应业务技能的专项训练。线下课堂教学中，结合线上学习、测试数据的情况，安排对销售与收款循环审计中学生掌握的薄弱部分和重难点部分进行串讲，而非原有的"满堂灌"做法。课堂组织学生围绕营业收入、应收账款项目的审计程序进行案例讨论，加强实务工作中审计技能的训练。

第四步，组织学生完成线下学习任务。学生组成4~6人的小组，模拟实务工作中的岗位分工完成线下任务，根据线下任务资料，完整填列营业收入审定表、应收账款审定表，分析评价学生团队任务的完成情况，及时反馈评价，考察其知识与技能的掌握情况。

采用混合教学模式，学生对于审计实务课程的学习，除了有课堂学习之外，还增加了线上的学习，因此，对于学习效果的评价也要做出对应的变化。可以分线上、线下两个方面，由学生个人、学生团队、教师三个主体分别开展。

（一）学生个人评价

学生的个人评价主要包括线上自主学习情况的自我反思和线下任务参与情况的自我评价。可以通过完成教师设计的个人评价表，结合课程学习评价的参考因素进行自我评分。

（二）学生团队评价

学生团队评价主要包括组长对小组内部各成员的分工完成情况、任务参与情况进行的评价，以及各小组之间围绕各自线下任务完成情况的互评。

（三）教师评价

教师评价主要包括采集学生个人的线上学习数据、线上检测情况和对学生团队完成的线下任务进行评价。

由以上三个主体进行的教学评价活动，能够突出体现学生的过程性学习效果，激发学生对学习活动的主动参与，较为客观地反映审计实务课程教学目标的达成情况。

审计实务课程开展混合教学模式改革过程中，会发现面临以下一些问题。

第一，在教学资源的收集中，以教师录制的视频为主，形式的多样化不足，在资源整合的能力上也受到教师个人水平的限制。如果教学资源能形式多样，会更好地激发学生的学习热情。

第二，学生的线上学习时间有一定的个体差异，如何对学生的学习效果进行有效监测也是一个难题，单纯凭借测试手段还不够科学系统，应尝试更多的监测手段，客观反映学生的真实学习情况。

第三，因为是分组完成线下任务，在教学活动中难免存在"搭便车"的现象，如何调动学生在小组活动中的积极性、参与度是教师应不断探索的问题。

但是瑕不掩瑜，采用混合教学模式，对于审计实务课程而言是积极有效的尝试。这种模式下，在学习时间上能够给予学生一定的自由度，让其能够利用更多的闲暇时间进行碎片化学习，表面上减少了课堂教学的时间，但实际上取得了更多的吸收消化的时间，不易引发学生的反感，反而能够让学生可以根据自身的实际情况，主动进行个性化学习。同时又弥补了传统教学模式下，实操练习时间不够的缺陷，有利于在整体上取得较好的教学效果。

三、教师资源共享

在传统的教育中，由于实际的教学条件和教学资源因地而异，许多偏远地区严重缺乏教师，好坏不一，有些地区甚至没有教师。这些都限制了地方教育水平的提高。网络教育的优势在于它能使国家优秀的教师凝聚起来。各地的学生可以一起聆听名师讲授的课程，从而提高中国教育的整体水平。

《生物质能》是能源动力类及其相关工科专业的重要特色课程，对于该课程进行的系统学习将非常有利于学生进一步掌握、巩固工程热力学、传热传质学等专业基础课和燃烧学、锅炉原理等专业课的相关知识，同时亦为部分同学进入研究生阶段从事生物质相关研究课题打下了一定的专业基础。然而由于该课程知识结构及内容繁多，且生物质能现代利用技术途径多样、装置设备复杂抽象，仅通过传统课堂讲授教学模式较难达到理想教学效果，因而需要通过适当教改形式，采用多种教学模式以不断提高《生物质能》课程的教学效果与质量。

混合式教学模式是指采用恰当的时间、媒体技术、契合的资源与活动，以提高学生的学习能力，从而获得优化的教学效果。目前，混合式教学模式有MOOC、SPOC、Blackboard、微课、微信公众号等多种实践平台，基于上述实践平台和相关实践手段，可充分发挥教师的教学主导作用，同时也能提高学生对专业课程的学习效果。混合式教学模式已成为高校各专业进行教改探索的热点模式之一。基于混合式教学模式，对《生物质能》课程进行符合南京林业大学实际情况的实践探索将有助于不断提高能源动力类专业学生对于该课程的学习积极性和学习效果，同时对能源动力类其他专业课程建设与实践具有一定的借鉴意义。

南京林业大学能源与动力工程本科专业招生规模为4轨制，《生物质能》为本专业的必修课程，按照培养计划，该课程在大四上学期集中学习。本课程学习内容主要由可再生能源概论、生物质能物化利用及生化利用三大部分组成。其中，物化和生化利用技术包含的技术途径及相关设备较多，对应的转化原理枯燥，采用混合式教学模式可保证学习效果，锻炼和提高学生的学习能力。本课程在混合式教学模式实践中主要存在以下难点：①混合式教学过程中需实现师生之间较高的配合度；②本课程网络资源繁多但不系统，需依赖教师构建线上教学资源体系；③本课程与现有MOOC、SPOC等实践平台的耦合度不高；④混合式教学模式下的课程考核评价系统缺乏；⑤混合式教学模式对教师自身综合素质要求较高。只有解决好上述实践过程中的难点，才能使得混合式教学模式在《生物质能》课程中既发挥教师引导、激发、把控整个教学环节的主导性，又充分体现学生作为学习主体的自主性、创新性和终身性。

由于本课程安排在大四上学期学习，此时学生经过三年大学学习，习惯了传统课堂教学模式，因而教师在课前和课中需反复强化学生参与教改的积极性，更要加强对课后教学环节的把控。具体可通过阶段性提交个人作业、小组研究报告等反馈机制督促并提高学生参与混合式教学模式的积极性和配合度。在此过程中，教师需尽可能有针对性地提供学生课后学习方向性指导，同时需及时给予学生鼓励与肯定，从而逐步引导学生适应并主动进入课后小组讨论及线上学习模式。考虑到课程学习对象为大四学生，学生一年后将工作和读研，针对这两部分学生群体需分别引导进行有偏向性的课下学习。即对于准备工作的学生，指导其多参与接触与实际生产关联度较大、对找工作有益的命题与案例；对于打算读研深造的学生，启发其多关注技术前沿并尝试鼓励其阅读科研文献、撰写文献综述及课堂汇报。通过上述因材施教的策略，让学生在本课程学习过程中有所收获的同时提高其参与本课程混合式教学模式的配合度。

混合式教学模式的关键是要构建线上教学体系。生物质能相关视频及文献资料非常丰富，但是目前尚没有具备线上教学库，因而教师需在课前做好相关教学资源的整合与分配，努力挖掘和建设新的教学资源，逐步积累。整合生物质能相关视频时，多选择CCTV、新华网、知名专家学者讲座视频等主流、权威媒体资源，教师按照生物质能利用技术分类相应视频，与此同时通过中国知网、Web of Science等文献平台下载生物质能各种利用技术的中英文文献，之后将精心筛选过的、与教学内容关联紧密的视频和文献分配上传学习交流群或公共邮箱。参照课堂教学进度，组织学生进行个人或分组学习相应线上内容，并撰写报告供教师实时了解学生线上学习情况。教师通过分析学生线上学习效果反馈，不断调整课堂学习进度以及线上学习内容匹配度，逐步构建《生物质能》线上教学资源体系。

当前MOOC、SPOC等平台已逐步成为主流混合式教学模式实践平台。这些平台体系成熟，人机界面友好，可组织相关课程教师团队共同接入相应平台，同时积极从学校教务处申请经费配套，在现有实践平台上建立《生物质能》课程，并将 MOOC 平台开放时间与课堂教学时间错开设置，以便学生课后学习。SPOC 平台对于学生专业背景有初步的筛选，该平台要求《生物质能》授课对象具有先期专业课程学习基础，这种实践平台便于教师把控教学进度。微课实践平台亦是对本课程线上教学模式的一种有益补充形式，我系在《空气调节》微课建设的成功经验将非常有助于《生物质能》微课平台的搭建。通过努力结合现有实践平台，为《生物质能》混合式教学模式的顺利开展提供了有力支撑。传统课堂教学模式下课程考核成绩大致由平时表现、作业和笔试三部分组成，以分数形式客观反映了学生对于课程的掌握程度。而混合式教学模式下叠加了课后学习模块，因而对于学生学习《生物质能》进行考核时需综合考量。为进一步鼓励学生参与教改的积极性，同时激励学生学习的自主性，教师可适当提高课后学习模块占综合成绩的比例，具体可根据课后作业、报告及学习态度等情况综合量化，建立一套《生物质能》课程客观、全面的考核评价系统。

《生物质能》是一门综合性很强的专业课，需要教师对生物质能利用技术及理论具有较为深入的理解。而混合式教学模式是在传统课堂教学模式基础上的技术变革，还需要教师熟悉相关软件、互联网平台等。因而基于混合式教学模式的《生物质能》课程教学对于教师自身综合素质要求很高，这就需要教师强化对于本课程知识结构的认识，进一步梳理知识框架，同时教师也要努力接受互联网新事物，不断学习并掌握多种互联网实践平台，选择学生便于且乐于参与的平台（比如微信公众号等），通过混合式教学模式建立一种高效的专业课学习模式，同时对于教师自身也是一种自我提升。

对于能源动力类专业课《生物质能》课程开展的混合式教学模式实践探索将有助于提高学生对于本课程学习的积极性、自主性和学习效果。虽然本课程在实践过程中存在一些难点，但在相关老师的共同努力下，针对这些难点提出了相应策略。通过初步实践教学，南京林业大学《生物质能》课程混合式教学教改取得了一定的效果，这为该课程的进一步实践推广打下了基础。此外，混合式教学模式在《生物质能》课程上的实践经验为能源动力类及其相关工科专业其他课程教改提供了一些借鉴意义。

四、充分的答疑时间

学习过程中的一个关键环节是交流。这种交流包括学生和老师之间以及学生和学生之间的交流。通过交流，学生可以发现并纠正学习中的问题，并及时解决这些问题。传统教学中学生的回答时间与教师的教学时间混合在一起。总的来说，回答问题的时间越多，所以讲课时间必然会越少，网络教学通过其独特的回答工具，如回答板、论坛和其他工具将学生的问题延伸到教室之外，不再局限于有限的教室时间。

《机械设计基础》是面向采矿工程、安全工程、工业设计等非机械类专业，及材料工程、热能与动力工程等近机类专业开设的一门重要的学科基础必修课，是从工程制图、理论力学、材料力学等理论基础课向矿山机械等实践性很强的专业课程过渡的重要课程。《机械设计基础课程设计》是该门基础必修课程配套的一门重要的实践教学课程，是学生首次接受的全面工程设计训练。该实践课程要求学生综合运用已学过的多门基础课程解决工程问题，对帮助学生形成正确的工程设计思想、提高综合分析能力、增进创新精神、培养良好的工程素质具有关键的先导性作用。然而，传统《机械设计基础课程设计》分配课时少，且与学生期末考试重合。在该期间，学生需要通过查阅大量设计手册中的表格及其他相关资料，对齿轮减速器进行设计；并需完成装配图1张，零件图1—2张，以及设计说明书1本，工作量大。很多学生只能通过简单模仿往年学生的数据和图纸来完成，没能掌握设计过程。如何在课时不足的情况下提高课程教学质量，是急需解决的问题。

慕课（MOOC）作为一种基于信息技术的教学新模式，近几年在世界范围迅速兴起。这种利用在线教育拓展教学时空的模式，为课程设计课时不足问题的解决提供了可能。然而，随着慕课的推广，高辍学率、参与度不足、学习管理难、缺乏浸润式学习体验等弊端逐渐凸显，无法满足课程设计学习中深度及广度等个性化的学习诉求。针对"慕课"上述问题，国内外教育界的很多学者都在探索既能利用现代信息技术，又能确保类似传统课堂教学效果的"后慕课"时代教育方法。由加州大学伯克利分校 Armando Fox 教授于2013年提出的 SPOC(Small Private Online Course，小规模限制性在线课程)，一种线上教学与线下传统课堂相结合的混合教学新模式，便是其中最具代表性的一种。同年，在比尔及梅琳达·盖茨基金会的资助下，基于 edX 及 MITx 平台的对比教学研究结果显示讲授同样的课程，采用 SPOC 教学方式的学生最终平均分数高于慕课教学方式下近10分。

能否将 SPOC 混合教学模式引入《机械设计基础课程设计》的教学过程；以及如何结合该门课程的特点引入该新教学模式，以解决现有课程课时短、工作量大、对学生专业综合能力要求高的问题，是本节探索研究的内容。SPOC 教学模式是一种基于线上、线下的混合教学模式，其中，线上教学具有学习时间自由，易用现代信息手段阐述知识点的优点；而线下教学则具有易于引导学生主动思考，便于交流、探讨，浸入感强的优点。故在设计 SPOC 教学模式时，应在《机械设计基础课程设计》课程特点的基础上，充分考虑线上、线下教学的优缺点，使两种方法的优势得到充分利用，进而实现理想的教学效果。基于上述内容，对课程设计的 SPOC 教学模式路径进行设计，其主要由教学内容设计、线上—课堂混合教学实施、成绩评定三部分组成。

（一）教学内容设计

包括课程设计内容切分，设计阶段划分及学习资源设计与开发三部分。其中，课程设计内容切分是为了便于学生利用课下碎片化时间进行自学，将机械设计基础课程设计的内容进行小知识点化地切分。先将课程设计内容按照对象的不同划分为传动装置总体设计方案设计，电动机型号确定，传动装置的运动及动力参数计算，传动零件、轴的设计计算，滚动轴承、联轴器、键及润滑密封的选择和校验，减速器机体结构及其附件设计，装配图与零件图绘制6个单元模块；再进一步将每个模块的内容细分为多个便于短时间学习的小知识点，如将"轴的设计计算"模块细分为轴上零件布置与装配方案拟定、轴的材料选择、轴的结构设计、轴的强度设计4小块内容。而设计阶段划分则是将1—2周的课程设计学习过程分割为课程导入、方案拟订与计算、装配草图绘制、装配图完成、零件图完成、说明书完成、课程设计答辩 7 个阶段。再根据上述内容与阶段的划分，对相应线上线下的学习资源进行设计和开发，主要包括录制微视频、设计学习任务单、设计在线测验内容，及其他辅助材料的制作与整理。

（二）线上、课堂混合教学实施

首先，通过线上教学的实施，导入课程并引导学生自主开展初步设计。具体来说，学生在分组后，查看单元设计任务，自学视频课程；再以小组为单位，协作初步完成该单元布置的设计内容；设计过程中遇到的常见问题，通过与学生及老师的在线讨论，协作解决。其次，教师再结合传统课堂教学，对设计过程中遇到的重难点进行解析。即在整理在线讨论中遇到的难点问题基础上，在课堂上有针对性地结合抛锚式教学法等引导式教学方法对其进行深入讲解。先后创建情境、确定问题，引导学生分析问题、主动探究，最终让学生通过小组协作及与教师的积极探讨解决问题。最后，再返回线上教学，对教学效果进行进一步的巩固。学生将完善后的课程设计阶段报告，通过在线平台上传；进行单元在线问题测试，对单元内容的掌握进行再一次评估，加强学生对关键知识点的记忆；并进一步将课程设计完善过程中遇到的问题及产生的新想法在线与同学、教师讨论交流，拓展知识。

（三）成绩评定

不同于传统基于图纸、说明书完成情况及答辩情况，这种总结性评价的单一方法，本混合教学法采用过程评价与总结性评价相结合的方法。其中，过程评价一方面基于学生课堂中的表现、线上教学视频观看情况。另一方面，在各个模块完成后，增设在线测试题；结合学生在线测试及对应设计子阶段完成情况对设计过程进行进一步评价。这种过程评价的增加促进了学生学习的主动性，综合反映了学生课程设计的实际掌握情况，且避免了学生找他人代做的可能性。

本节针对传统课程设计课时短与工作量大的矛盾，探索了 SPOC 教学模式的应用。一学期的教学实践表明，SPOC 教学法不仅拓展了教学时间，且提高了学生的学习主动性及团队协作精神。如传统教学班越崎 16-1 班胡玉宁同学对应用新教学法班级学风的评价"深深感受到 2 班学习的热情，学习劲头很足，比我们班学习氛围好很多"。此外，授课学生也对 SPOC 教学法的实施效果给予了较高的评价，如越崎 16-2 班闫鸿池同学所说"这次的机械设计，不仅仅是我一个人的成果，更是大家共同的劳动成果。很幸运，我有一位好老师，课设会耐心地做视频讲解，会收集资料给同学共享，会自己做 PPT 一步步指引学生如何做。从刚拿到题目时的无从下手，老师的视频讲解，一步步犹如拨云见日，将机械设计的思路清楚地呈现在眼前"。

五、其他

自律性的要求很高。这不仅需要积极的学习，还需要良好的约束能力。根据学习计划，学生可以控制他们的学习时间和日程，也可以享受到虚拟互动和合作平台，平台还会提供虚拟社会体验，最重要的是线上教学成本低，通常只有传统教学成本的

30%~50%。

  我国的计算机教育在飞速发展，不断地步入新的阶段，因此高校教师的教学方式要不断改进，跟上时代的发展速度。计算机是当今科技发展、社会进步不可或缺的教育内容，培养计算机基础知识扎实、实践能力强的计算机专业人才是各个高校计算机学院的目标，对计算机基础的教学进行合理而有效的创新是我们努力的方向。

  现阶段计算机基础教育的教学思维仍然是比较传统的，采用多媒体教学传授基础知识是稳妥而简单的方法，但对于学生而言，有些基础知识晦涩难懂，课堂上还没有完全消化就被灌输随后的知识点，课下零散的复习时间使得学生无法透彻理解课堂上所授内容。为了更好地培养学生的基础知识，对教学状态和教学方式进行适当的创新是十分必要的。

  线上教学是指通过计算机网络让学生进行在线学习，学生可以随时提问，避免了在课堂上因为害羞而不敢问问题的现象。同时，其他进行线上学习的同学如果对相关知识有自己的理解，也可以随时进行交流。如果学生对于某个知识点没有理解透，还可以重复学习。由于计算机网络的广泛使用，线上教学的模式为许多热爱学习的学生提供了非常便捷和高效的学习途径，同时为处于教学资源较为匮乏的地区的学生提供了丰富的资源。基于线上教学的优点，它在许多网站上都有了成功的尝试。

  但线上教学模式也有着很大的缺点，特别是针对某一门计算机基础课程采用线上教学的模式进行时，因为不是所有学生都有着很强的自律性，如果缺乏掌握不到位、抄袭作业等现象，进而影响后续知识的学习。采用纯线上教学的模式适用于热爱学习、自律性强的学生，与线下教学模式相结合的线上教学更适用于大多数学生。

  我们尝试将线上教学方式与线下教学相结合，来提高教学效果。我们采用如下方式：首先，让学生在课堂之外进行线上计算机基础知识的学习，同时完成线上学习的笔记，提交给线下该课程的教师。教师通过对学习笔记的阅读，了解学生对该次学习中知识点的掌握情况。其次，通过整理学生的学习笔记，将学生学习时遇到的难点进行总结，并针对性地为学生答疑解惑。然后，让学生对本次线上课程学习中理解透彻和不太理解的知识在线下的课堂上进行讲解，同学之间可以相互交流，解答问题，若有理解错误的地方，教师进行相应的纠正。最后，该课程教师可以对本次课程中基础知识的应用，结合实践为学生布置一些作业，学生分组探讨，完成并讲解。

  通过这种方式，能够弥补线上教学的缺点，同时避免学生偷懒而不认真完成线上知识点的学习。我们在 C 语言课程中利用此教学模式进行初步尝试，最后的教学效率有了大幅度提高，肯定了此教学模式在一定情况下是适用的。

  本节针对现今计算机基础教学中出现的一些问题进行了分析，提出了线上教学方式的不足之处，针对这些不足并结合线上教学的优势，提出了线上与线下相结合的教学模式。分析了该方式对纯线上教学模式的互补作用，通过实际教学中的初步尝试，肯定了该教学模式的有效性。

第二章 高校英语学科教学模式

教学模式的研究、建构和应用一直为教学理论界和教师所推崇。教学模式是教学理论的具体化，它既源于理论，又源于实践；它既使教学理论实践化，又使教学实践概念化；它既是理论的存在，又是实践的存在。因此，它使教育和教学理论指导教学实践成为可能，两者互动变得必要，也成为必然。英语教学也不例外，模式化是任何学科学习的本质属性，也是学科教学的基本特点。

第一节 高校英语教学模式概述

教学模式是以教学思想、教学理论为依据而构建起来的模型或范式，典型的模式有夸美纽斯的观察—记忆—理解—练习模式，赫尔巴特的明了—联想—系统—方法模式，杜威的发现问题—提出假设—做出推论—验证假设模式，布鲁姆的掌握学习模式等。我国教学模式的研究开始于20世纪80年代中期。教学模式研究主要涉及：教学模式本质的界定和教学模式建构理论的研究。因为研究者研究视野的多维性，教学模式概念的界定呈现出多样性。钟启泉认为，教学模式是能够用于构成课程和课业、选择教材、提示教师在课堂或其他场合教学的一种计划或范型，它具有简约性、理论性和相对稳定性的特点。而顾明远则认为，教学模式是"反映特定教学理论逻辑轮廓，为实现某种教学任务的相对稳定而具体的教学活动机构"。

一、国内英语教学模式研究

中国外语教学理论界对教学模式的理解主要有以下几种："对一个系统或理论构成因素的框架式描绘。""教学模式是有理论支持的教学活动的操作框架。它可能根据一定的教学理论而建成，也可由概括实践经验来形成。""对语言教学理论或/和英语教学过程各主要因素本质及其相互关系等的形象性表述。"而肖礼全则根据教学模式在实际应用中表现形式分为抽象和具体两种意义。所谓抽象意义是"指较为系统的教学理论、方法和观点，或带有规律性的、有相对固定的方法、步骤、活动的教学实践"；具体意义是"指用图形、表格、线条等对教学相关因素及其关系进行的框架式的、概念式的描述"。

近几年来，高校英语教学界一直在探索一条适合中国国情的教学模式。比如，王才仁提出了一种意在中国适用的英语教学交际模式，该模式"不仅把整个英语教学过程看作交际过程，而且把每一步也看成是交际；整个教学是师生之间的交际的反复循环"。该模式的核心原则是交际，交际是教师与学生之间的纽带，语言的输入与输出都通过交际来实现。

该模式吸收了西方第二语言习得理论成果,在"准备—过程—结果"的基础上发展成"输入—加工—输出"的学生语言输出流程。该模式强调交际的互动性和情景性。在该模式中,英语教学内容是语言信息、语用信息和文化信息,语言形式被看作是"为实现意义转换的工具"。在英语教育史上这无疑是一大进步,但是在学生语言输入的正确、得体和流利性方面该模式关注得不够。肖礼全在对 20 世纪下叶以来中外四种教学模式评述的基础上,构建了一个"以中国国情为依据,以亿万中国人学习英语为目的"的中国英语教学宏观模式(也叫中国流)。该模式由教学环境、教学主体、教学过程、教学结果四个板块组成。它体现出很强的时代性,如教学过程分为实体和虚拟双轨。它吸收了先进的教学理论,因为该模式把教师和学生都看成是教学的主体,并提倡自主学习和任务型教学等新理念。但是作为一个宏观模式它必须非常简洁明了,否则它无法涵盖"亿万中国人"的亿万种学习方式。该模式力图做到全面,但太全面了难以突出其重点或个性,反而易于失去自身存在的价值。

教学模式本质的界定除了概念界定之外,还包括对模式层次的界定。在现代英语教学中,可以发现三种层次的模式:宏观模式(英语教学过程模式)、中观模式(大纲设计模式)和微观模式(课堂教学模式)。英语单词 approach、method 和 technique 分别具有宏观、中观和微观三个层面的意义。

近十年来随着课程改革的不断深入,我国教师、学者以及研究生在英语教学模式方面的研究取得了可喜的成绩。他们对模式的研究涵盖小学、初中、高中和大学等层面,如小学英语自律课堂教学模式、初中英语互动教学模式、高中英语逆向教学模式、三位一体高校英语整体教学模式;他们还从教学方法视角摸索教学模式,如"输入输出平衡"英语教学模式、"四段式"英语教学模式、提纲式英语教学模式、封闭式英语教学模式等;教学方法方面主要集中在"互动""合作""任务""创新"等视角,如"互动"英语教学模式、自主—交互式英语教学模式、任务型教学模式在高中英语教学中的实践研究、"探究合作创新"英语教学模式等等。此外,在英语阅读课上总结了许多教学模式,如"问题式"英语阅读教学模式、英语阅读教学中的"交流—互动"模式探析、英语语篇教学模式等。

针对以上我国英语教学模式建构的现状,我们可以发现我国当前英语教学模式的研究基本上是零散式的,但是在总体上模式构建的视角有以下四个:①理论说——教学模式是从教学实践中形成的一种设计和组织教学的理论,并以简约的形式表达出来;②结构说——教学模式是在一定教学思想或理论指导下建立起来的各种类型教学活动的基本结构或框架;③程序说——教学模式是在一定教学思想指导下建立起来的完成所提出教学任务的比较稳固的教学程序及其实施方法的策略体系;④方法说———常规的教学方法俗称小方法,教学模式为大方法。英语教学模式的发展趋势具有三个主要特点:①由关注"教"的教学模式向关注"学"的模式转化;②在模式构建中越来越体现多门学科知识的整合性特征;③模式研究的理论不断深入和实验研究逐步成熟。

在中学英语课堂教学中,我们很难发现某位教师采用了某种教学模式,但是可以发现五种程序设计常式,它们分别是翻译式、听说式、答疑式、网络式和交际式。翻译式是指在教学过程中,依靠母语系统讲授教学内容,熟悉课文,掌握语法规则和一定量的词汇。

听说式强调用有限数量的句型来描写无限数量的句子，把英语学习过程看成是养成习惯的过程。答疑式是指教师对学生学习中提出的问题进行分类处理，讲课时围绕学生提出的共同性的、关键性的问题进行多角度、多层次的讲解或组织学生讨论。网络式要求教师和学生共同归纳选择具有共性且富有意义的知识点，让学生通过联想把新旧信息编织起来，形成合理的知识结构。交际式是指教师选择一个功能意念项目，并设置一定的信息沟，使学生为获取所需信息而进行模拟的交往过程。在实际的英语教学过程中，没有哪一节课可以说是用了某种纯粹的教学模式。只有根据教学的实际需要和实际情况，从整体的角度出发来把握英语教学模式，融会贯通地理解和运用多样化的英语教学程序，创造性地组织教学，灵活巧妙地衔接各个教学环节，才能符合教学的动态性与复杂性之要求。

在我国，外语教学界可以引进国外优秀的教学模式加以实践。20世纪80年代起在浙江大学开展了以德国"柏林模式"为基础的"德语作为外国语教学论的实验"，取得了丰硕的成果。柏林模式由德国保罗·海曼于1962年首先提出。该模式提出了影响教学过程的四个基本因素和两个先决条件，即意向、课题、方法和媒介因素，人类心理条件和社会文化条件。前四种因素属于决定范畴，后两种属于条件范畴，所有这些构成了每一种课堂教学的基本框架。模式可以用结构图表示。该结构是多元互动的、相互关联的、开放的、不断自我完善的结构。其最大的优势在于它提出了两个先决条件，将对"此时此境中的人"的透彻理解作为教学的前奏。正确的定位，再加上课堂教学过程中四个基本因素的充分考虑，教学过程本身体现了教学效果。模式结构图清晰明了，充满了智慧，容易被一线教师理解和接受。那就是为什么该模式自20世纪70年代后，一直是柏林州基本的教学模式，并且也是柏林州教师培训班的必修课。许多德国教育教学第一线的工作者都以它为基础来进行教学设计。之后，该教学设计思想又被广泛地应用于日本、韩国、巴西、蒙古等非德语国家的外语教学及其他学科。

二、国外英语教学模式研究

在国外，语言学研究起步较早，已经建立起一套完整的语言学习理论。外国语言专家在对英语作为母语进行深入的研究基础上，将其中的一些理论迁移到TOEFL教学模式的探讨，并总结了七种主要的英语教学模式。这七种模式在英语全球扩张的进程中迅速为各国英语教学研究者和实施者所接受。这七种模式分别为：

（一）克拉申模式

该模式由克拉申（S.D.Krashen）创建，主要描写二语习得过程。该模式的基本思想可以概括为：二语能力是在较低的情感过滤条件下，通过足量的可理解输入，是以可预测的顺序习得的。

（二）贝立斯托模式

该模式由贝立斯托（E.Bialystok）创建，主要说明在形成外语能力过程中的三个层次及其有关因素的作用和组成方式。这一模式特别强调外语能力形成过程中形式和功能练习的作用，强调其他学科知识和文化因素对外语知识吸收的促进作用。

（三）斯特恩模式

该模式由斯特恩（H.H.Stern）创建，它确定了外语学习的五个要素及其内在关系。这一模式的特点在强调外语学习的元认知策略的同时，也特别指出学生本身的心理特质和身处的社会环境等外部因素的影响。五个要素分别为社会背景、学习者特点、学习条件、学习过程和学习结果。社会背景包括社会语言、社会文化和社会经济因素；学习者特点包括学习者年龄、认知特点、情感特点和个性特点；学习条件是指课堂教学和自然接触；学习过程强调学习策略、技巧和大脑活动。

（四）艾伦·毫沃特模式

该模式由艾伦·毫沃特（Allen Howard）创建，它是一个多中心模式。根据交际的话题、题目或任务制定外语教学大纲，并采用 F.SE. 三角形学习模式。（F 代表 functional practice；S 代表 structure practice；E 代表 experiment practice。）这种模式强调功能和结构分析，对我国的中学英语功能意念大纲的制定具有指导意义。此外，它首次提出任务型教学的概念，为后来任务型教学模式的建立奠定了基础。

（五）坎特林模式

该模式由坎特林（C.N.Candlin）创建，它把学习外语看作是语言形式、概念意义和人际关系的三个知识体系的结合。这种模式认为外语学习实质是在人际交往过程之中语言概念的形成和正确语言形式的固化过程，它十分强调语言使用的正确性。

（六）哈伯德模式

该模式由哈伯德（C.R.Hubbard）创建，它是一种学习外语的交际模式，要求在客观事物的环境中进行愉快的交往。这一模式强调语言学习中的交际性，也就是信息差。它认为没有信息差的存在就不可能有语言交际，没有实际的语言交际，也就谈不上真正意义上的外语学习。它实质上是我国交际模式的范例。这一模式是 ARC 三角形模式，A（affinity）表示亲近力；R（reality）表示现实的意义；C（communication）表示交际的意义。

（七）蒂东尼模式

该模式为蒂东尼（R.Titone）所创，它是力图吸收其他模式之长的一种综合模式。它既借鉴了克拉申模式的情感策略，又借用了斯特恩模式中的社会影响因素，更贯彻了哈伯德模式的交际性原则。我国现代中学英语教学模式的折中法就起源于此。以上是针对国内外教学模式，尤其是英语教学模式研究的概述，而接下去将从模式的内涵特征为线索分别展开讨论，主要有结构取向的英语教学模式、功能取向的英语教学模式、任务取向的英语教学模式、社会文化交互取向的英语教学模式和整体教学模式等。在这些模式中，任务取向的英语教学模式和社会文化互动取向的英语教学模式在某种意义上说也可以归属到功能取向的英语教学模式，为了凸显它们的主要特征有意独立开来。下面将逐一进行讨论。

第二节　结构和认知取向的英语教学模式

结构和认知取向的英语教学模式是分别依据结构语言学教学观和认知心理学理论而建构的。结构主义语言学认为，语言的结构是内部各个层次有意义的对立体系。掌握语言就是掌握语音、语法、词汇的各种有意义的对立体系。比如，语音中的开、闭音节与长、短元音，语法中的过去、现在、将来时态，所以，掌握语言的过程，充满了对比这种对立关系的活动。同时，由于不同语言的对立体系并不相同，要明确所学外语中的那些对立体系对学生具有特别困难，必须通过与本族语的对比。这类教学模式具有理性主义教学观点，重视语言知识和利用学生的本族语等特征。认知心理学和认知语言学认为，语言能力是个体一般认知能力的一部分。因此，语言不是一个自足的系统，其描写必须参照认知过程。认知法在教学过程中提倡发挥学生的智力作用，重视对语言规则的理解，而忽视语言学习中的情感因素。两种取向的教学模式中较为典型的教学法包括直接法、听说法、翻译法和认知法。下面的讨论是在第三章对它们的初步介绍基础上增加一些背景知识，把教学原则和教学过程作为讨论中心。

一、直接法

直接法的诞生是 19 世纪末和 20 世纪初，欧洲和北美等地加速了工业化的进程，国际交往日益频繁，各国对外语人才的需求量迅速增长。人们发现外语人才的口头表达能力特别重要，而语法翻译法恰恰就不注重学生的口头能力培养，因此，在语言学领域内出现了改革运动，其中以英国语言学家斯威特（H.Sweet）为代表的改革派强调口语和语音训练的重要性，推动了外语教学改革。直接法由法国人古因（Gouin）提出，后由他的弟子索斯（de Sauze）在美国倡导，并由教育家伯利兹（Berlitz）在教学中实施。由于他们的推广，20 世纪初直接法流传颇广。

直接法的许多教学理念是与语法翻译法相对的，如：前者重视口语训练、用演绎法传授语法规则、采用母语解释难点等；而后者却重视阅读和写作能力培养，用归纳法传授语法规则、课堂上拒绝使用母语等。从第三章中提到的直接法所遵循的五项原则（直接联系原则、句本位原则、模仿为主原则、用归纳法教语法的原则、以口语为基础原则）可以看出，直接法的教学内容基本上是关注语言的句法结构，即以句型作为教学的基本单位，并且以模仿为主要手段，基于这两个原则，直接法也是以语言的结构为基础的。

二、听说法

听说法被认为是结构取向的模式之一，它比前面两种方法都更加成熟，因为从英语名称来看，听说法（the Audio-lingual Approach）选了 Approach（路子）而不是语法翻译法和直接法中的 Method（方法）。这说明"无论在理论基础、体系还是方法方面，听说法都较语法翻译法和直接法更系统和全面，内涵也比后者丰富得多"。

听说法继承了直接法的四个特点：口语第一，听说领先；变换操练；严格控制，养成语言习惯；限制使用本族语，课堂教学运用目的语内对比。它本身的创新只有两点：以句型为教材和操练的核心；用对比作为以所学外语进行类推和回避学习难点的基本方法。一般来说，听说具有三个特点：听说领先、句型操练和对比。

听说法的发展促进了布龙菲尔德教学法的教学过程不断完善，使之逐渐演化成为相对规范的五段教学：①认知（recognition）；②模仿（imitation）；③重复（repetition）；④变换（variation）；⑤选择（selection）。认知是指对所学句型耳听会意，一般采用外语本身相同或不同的对比，使学生从对比中了解新句型或话语；模仿可以通过跟读、齐读、抽读、纠错、改正；重复环节包括检查，让学生重复模仿的材料，做各种记忆性练习；同时教师要进行检查，当确信学生已能正确理解朗诵所学句型之后，才能进行下一段的变换活动；变换即替换操练，应按替换、转换、扩展三步逐渐加大难度，同时要注意学生的理解情况；替换分单项替换和多项替换，转换包括含义转换、结构转换和增减句子要素，比如主动句变为被动句，陈述句变为疑问句等，扩展包括前置修饰扩展和后置修饰扩展；选择是指在实际交际和模拟情景中对所学语言材料进行活用。

早期的听说法注重机械操练。可是到了20世纪60年代后，机械操练受到了批评，一些应用语言学家开始改进听说法，使操练朝着有意义和有利于实际交际的方向发展。其中最具代表性的是波尔斯顿（C.B.Paulston）提出的"MMC"法，第一个M是指机械操练（mechanical drills），第二个M是指有意义操练（meaningful exercise），C是指交际性活动（communicative activities）。这三个步骤为递进式的，早期先进行机械操练，然后进行有意义的练习，要求教师给出结合学生生活的情景，让学生在规定的情景中做语言操练；在第三步骤的交际活动中，可请以英语为本族语的人来交谈，要求学生在交谈中尽量用所学语言结构等。

三、翻译法

翻译法的形成与发展直接与语言认知有关，它起源于中世纪，经过了语法翻译法、词汇翻译法和自觉对比法，再发展到认知法，在历史上历时最长，所产生的影响较为深刻。翻译法中最有影响的是语法翻译法，下面我们对它进行简单分析。19世纪盛行的历史比较语言学为语法翻译法提供了理论基础：通过翻译的手段，比较母语与外语语音、词汇和语法的异同达到掌握外语和欣赏外国文学作品的目的。张正东把语法翻译法的发展分为三个时期：第一阶段为18世纪上半叶，具体教学方法是以外语译成本族语，内容偏重于机械背诵语法规则，其教学目的是为了解外语服务；第二阶段是18世纪下半叶至19世纪末，以本族语翻译成外语为主要方法，内容注意到了阅读，其教学目的是用外语表达本族语的内容；第三阶段是20世纪以来，在众多教学流派的影响下，吸收了许多其他学派的教学方法，但是其核心教学思想如重视系统语法的教学，依靠本族语进行翻译，侧重语言形式和采用演绎方式等都没有改变。

语法翻译法主要有以下几项教学原则：①关注语言知识的学习；②采取单向传授式教学法；③重视读写能力的培养；④依靠母语进行教学。语言知识包括语音、词汇、语法等，在传授语言知识时，教师常常运用母语，通过对比法和演绎法等方法讲解和分析句子成分，同义词和反义词之间的差异以及语音、词汇和语法规则。教师的讲解是课堂教学的唯一活动，学生学习比较被动。

在我国20世纪90年代之前，中学英语课堂教学基本上都采用语法翻译法，英语语言知识传授是课堂的主要活动。随着1993年人民教育出版社和英国朗文出版社联合出版的新教材的发行，我国中学英语教学开始关注学生口头交际能力的培养。到21世纪初新课程标准（实验稿）的实施，中学英语教学的目标进一步提高，学生的综合语言运用能力的培养成为教学的最终目的。新的教学理念日益深入人心，学生的语言运用能力，尤其是口语水平得到了前所未有的提高。尽管如此，因为语法翻译法对教学条件和教师的要求较松，故国内外仍有不少人乐于使用。

四、认知法

认知法是在语法翻译法的基础上形成和发展起来的。它是以转换生成语法为理论基础。该理论认为，语言的深层结构体现语言能力的特点，表层结构表现语言行为的特点。人有天赋的语言习得装置以习得深层结构而获得语言能力，有了语言能力就能生成语言行为，运用话语。把这一语言学说与认知心理学的理论联系起来，语言能力就是核心结构。认知法的首倡者卡鲁尔主张学习外语应先掌握以句子结构为重点的语言知识，要理解所学内容；理解、信息加工和逻辑记忆对于学会外语极为重要。在理解的基础上，再让学生在生活实际和交际情景中进行操练，操练中发展逻辑记忆能力。因为学习外语不是形成习惯，而是先天习得能力的发展过程。这些过程落实到教学活动上主要是语法先行并用演绎法教语法，故卡氏又称认知法，为经过改造的现代语法翻译法。而左焕琪却认为认知法重视语法，必要时用母语进行教学，要求通过有意义的练习而不是大量使用演绎法。

认知法被认为是当代外语教学法，它的一些教学原则已被当代各个学派所接受。如学生中心原则，容忍错误的原则，听说读写并进，视听兼用的原则，情景原则等。认知法的教学过程可概括为"理解（句子结构和所学内容）→形成（语言能力）→运用（语法，即语言行为）"三大阶段。

五、认知法教学案例（45分钟）

（一）讲授新词

教师在黑板上挂上一幅图画，内有男、女孩各两名，每人在进行一种活动。学生根据已经学过的语言知识谈论这幅画。遇到学生使用与新词接近的词时，教师引出要求学生学习的新词。当学生提到动词时，教师引出动词现在分词的形式与意义。在理解的基础上，学生跟教师朗读新词。了解新词意义后，教师要求学生根据图画内容，尽量运用所学单词讲故事。学生讲完后，教师讲他的故事（即课文）。（7分钟）

（二）讲解语法

要求学生根据教师已使用的动词现在分词，小结该语法现象的形式与意义，然后教师进行总结。适当使用汉语解释难点。（8分钟）

（三）语法练习

引导学生由近及远谈论现在正在做的事情：①教室里发生的事；②学生家庭中发生的事；③回到图画，鼓励学生创造性地使用外语，谈论图画中四个孩子的活动。教师在学生用到现在进行时时，加以重复和强调。（10分钟）

（四）传授新课

学生打开书，开展小组活动，逐句讨论课文内容与意义。然后根据课文互相提问。小组讨论结束后，教师先要求学生提出不能在小组内解决的疑难问题。全班就这些问题进行讨论后，教师总结，给出问题的正确答案。教师再一次小结动词现在进行时的形式和意义。（15分钟）

巩固课文

回到课文——听两遍录音后，学生就课文内容提问。

（六）布置作业

听课文录音，改进语音语调；拼写单词并回答书面练习；动词现在进行时问答与填空。（1分钟）

第三节 功能取向的英语教学模式

斯特恩认为功能派与结构派最大的差异是它更加关注语言使用者的社会和环境因素，在语言研究方面体现这些改变的是语义学、话语分析、社会语言学、交往人类学以及语用学的诞生。把交际视为教学内容本身的功能派有两种不同观点：一种是分析性的，被称为"功能分析"（function analysis）；另一种是整体性的和非分析性的，被称为"功能大纲"（function syllabus）。近年来，功能分析已经对语言大纲的制定、教材的开发以及教学方法的选用等方面都产生了影响。下面举几个典型的例子来说明功能分析对语言教学产生的影响，如 Wilkins（1976）提出意念大纲的概念；欧洲委员会现代语言项目的开展（Trim 1980；van EK and Trim 1984）；Widdowson（1978）提出的交际语言教学法重视语言的"使用"（use）而不是"用法"（usage）；Munby（1978）提出特殊目的语言教学项目内容鉴定模式；Canale 和 Swain（1980），Canale（1983）分析了交际能力的内涵，为语言测试的发展和语言水平研究奠定了基础。

从 20 世纪 60 年代开始，语言研究的重点逐渐由语言形式、句法关系转向语言使用、语义和语言的社会功能。社会语言学对语言教学乃至整个语言学界所作的重大贡献之一是提出了交际能力的概念。1972年社会语言学家海姆斯（D.Hymes）在著名的《论交际能力》一文中指出，离开了使用语言的准则，语法规则是毫无意义的。海姆斯认为，交际能力是语法、心理、社会文化和实际运用语言等能力系统相互作用的结果。1980年，加拿大的卡内尔（M.Canale）与斯温（M.Swain）系统总结了关于交际教学法理论的探讨与研究成果，并提出交际能力应由以下三方面能力构成：①掌握语法（grammatical competence），包括词汇、词法、句法、词义与语音等方面的知识；②掌握语言的社会功能（social linguistic competence），指使用语言的社会文化规则与语篇规则；③使用策略（strategic competence），即为使交际顺利进行而采取的语言与非语言交际策略，后经不断充实，已具体到怎样开始会话、维持对话、要求重复、澄清事实、打断对方、结束对话等。后来，卡内尔对交际能力的构成框架进行简单调整，把语篇能力从掌握语言的社会功能中分离出来，构成了第四方面的能力。同时拓宽了使用策略的能力，包括提高交际有效性的所有努力。功能取向的英语教学模式的诞生与当时的哲学、语言学、心理学、人类学和社会学发展息息相关。以"语言的社会交际功能是最本质的功能"为核心思想的社会语言学的诞生为该模式提供了语言学基础。以功能取向的英语教学模式包括交际法教学模式和自然法教学模式，本章将重点介绍前者。

交际法兴起于20世纪70年代的欧洲，它是一个典型的以语言的功能项目为纲的一种教学方法。但是，实际上交际法不是一个一般意义上的教学模式，它已形成了一场国际性的交际运动（communicative movement），并出现了communicative approaches的多元化局面。交际教学（communicative language teaching）是一个多种理论的联合体，至今似乎没有一种定义能对其内涵做出界定。Yalden在1983年就曾把交际教学归纳为六类。在总体上，胡春洞认为交际法有两个基本观点：①外语学习者都有他特定的对外语的需要；②语言是表情达意的体系，而不是生成句子的体系，社会交际能力是语言的主要功能。因此，交际法的教学目标在于培养学生在特定的社会环境中使用外语进行交际的能力。为了提高学生的交际能力，交际法教学过程可以从以下三方面展开：

（1）分析学生对英语的需要：在制定教学大纲时，首先分析学生对外语的需要。通过对学生需要的分析，就能知道这个学生需要掌握什么样的语言功能、什么样的文体和什么样的语言形式，并以此制定出相应的教学大纲。由于交际法对学生需要的重视，"需要分析"已成为一个独立的研究课题。

（2）以意念/功能为纲：交际法认为以语法或情景为线索组织教学内容忽视学生的特殊需要，难以培养交际能力。交际法在其形成之初主张以学习者所要表达的内容即意念为线索。这种以语言使用者通过使用语言来实现的交际功能为线索的意念大纲，也被称为功能大纲。交际法第一份具体的教学大纲初入门阶段正是以语言的交际功能为线索组织教学内容的大纲。以意念/功能为纲的思想是交际法的核心思想。

（3）教学过程交际化：大纲的制定和教材的编写不是一个完整的教学体系的全部内容，交际能力的培养最后必须在课堂教学中实现，教学过程的交际化也是交际法的一个重要组成部分。它可以体现在以下几个方面：以话语为教学的基本单位，语言材料的选择力求真实和自然；以学生为中心，教师是活动的组织者，学生在各种活动中学习外语；教学活动以内容为中心，大量使用信息转换、模拟情景、扮演角色、游戏等活动形式；对学生的语言错误采取容忍的态度，不以频繁的纠错打断学生连续的语言表达活动。

以上三个环节表明交际法在教学过程中以学生的需求为教学的出发点，学生需求是制定教学大纲即学习内容的依据；同时所使用的材料尽可能真实，如可以把目标语的人士带进课堂或进入使用目标语社区，或引入各种书籍与报刊节选的文章或电影、电视和电台报道片段等。鼓励学生在实际生活中使用语言，他们的错误被认为是学习过程中出现的自然现象而无须指责[1]。

斯特恩认为如果在语言课堂上开展标准的交际活动必须包括四个条件：①与本族语人士接触；②有机会融入目标语环境；③创造真实使用语言的机会；④需要学习者个体参与。这些条件在我国较难做到，尽管在一些比较发达的地区，目标语人士可以进入课堂，也有项目支持中学生融入目标语环境。但是，英语教学可以吸收这些条件的精神，利用以下一些活动来优化课堂教学：①充分利用语言课堂的教学行为；②讨论话题尽可能源自学生的个人生活或至少与之相关联；③挑选尽可能多的与对学生具有教育意义和职业发展有利的话题；④设置交际课堂练习，如设置小型活动让学生练习并熟悉目标语的一些表述特征。有关文献对第四种方式讨论较多，针对前三种尽管有人研究过，但是文献非常有限。总之，交际课堂教学的具体教学方法十分多样，其基本精神是开展师生之间、生生之间有意义的对话或讨论，也称"语言意义的谈判"（negotiation of meaning）。上课经常采取两人结成对子进行对话，4~6人为一组的小组活动和全班讨论的形式。交际法教学虽然提出在语言使用过程中（use）学会语言的用法（usage），但是它并不排斥有关语言形式的教学。

王才仁在参照国外一些模式的基础上，提出了一个在我国进行英语教学的综合模式：英语教学交际模式。该模式的命名是出于这样一个教学理念：整个英语教学过程是交际过程，而且把每一步也看成是交际；整个教学是师生之间交际的反复循环。下面将对该模式的几个核心环节进行简单介绍：①"教师"和"学生"成为教学的双主体，师生之间的交际构成教学全过程；②社会环境提出教学要求，体现在教学大纲中，对教师有制约作用；③教学大纲由国家制定，是教师执教的依据，对教材的编写和使用起指导作用；④教材要通过听说读写等渠道和一定的情境活化为交际行为，成为信息的源泉；⑤输入是学生接受语言材料三方面的信息：语言信息（包括操作性、观念性），语用信息和文化信息；⑥加工指信息加工，外部加工表现为课堂活动，内部加工指大脑内的活动，互相作用，互相促进；⑦输出指学生运用英语的能力。每一项输出达到正确、得体、流利的程度都会反馈给教师，以便了解教学效果，整个过程达到的程度则最终反馈给社会。

该模式认为教学的实质是交际，而交际是通过活动得到体现的。如：教学中师生二主体作用是通过活动来体现的；英语物质操作和观念操作二重性，是通过活动体现的；信息的输入和输出，也是通过活动实现的。所以，活动是更新教学观念，开创英语教学新局面的一个重要哲学支撑点。另外，该模式还强调运用英语时要遵循四个原则：意义性（meaningfulness）、功能性（function）、得体性（appropriateness）和移情性（empathy）。

---

1 邵艳红. 系统功能语言学视域下的中小学英语交际教学重建[D]. 浙江大学，2017.

此处前两个原则容易明白。所谓得体性是指所说的每一句话要根据不同的对象、场合和时机选择合适的表达方式；而移情性是指在表达意思时要考虑目标语国家的文化风俗习惯。最后，该模式把我国的英语教学目标定位在培养学生的交际能力上[2]。

交际教学的理念正不断地深入我国的英语课堂教学实践。彭那祺通过多年的教学探索，把交际教学融入自己的日常教学，不断提升自己的教学理念，2000年出版了专著。她总结道："和谐"是交际性教学最重要的艺术特色。她认为，"在英语课中最为重要的是要从交际的高度出发，去帮助学生打下坚实的英语基础和培养运用英语的交际能力，并在习得英语的过程中掌握一套成功的英语学习方法和良好的语言习惯。这些将构成他们可持续发展的英语潜能。"

第四节 任务取向的英语教学模式

一、任务型英语教学模式的定义

任务型教学是指一种以任务为核心单位计划、组织语言教学的途径。它是诸多交际教学途径中的一种，其教学思想仍然在交际语言教学思想的理论框架之内。在国外，任务型语言教学已有二十多年的实践，最先进行任务型第二语言教学实践的是印度学者Prabhu。针对任务型教学的研究已经取得可喜的成果，很多学者从不同的侧面对任务型语言教学进行了研究，赋予其新的内涵，具有影响力的专家有 Breen（1987）、Candlin（1987）、Nunan（1989）、Long（1989）、Crookes（1993）、Willis（1996）、Williams 和 Burden（1997）、Skehan（1998）、Richards etal（2000）、Little wood（2002）等。其中 Nunan 根据英语课堂教学中的任务与真实生活中的任务的相似程度把任务分为"真实世界的任务"或"目标任务"（real-world tasks or target tasks）和"教学任务"（pedagogical tasks）。前者是指那些在生活中有类比对象或原型，即通过客观分析考察后，根据实际需要设计的，旨在赋予学习者完成真实生活中类似任务的语言能力；后者包括基于第二语言学习者习得的理论和相关研究，未必直接反映客观实际的任务，只限于在一定的教育环境中运用。

龚亚夫和罗少茜根据目前的有关文献，把主张任务型教学的专家和学者分为"广义任务派"和"狭义任务派"。狭义任务派认为，只有为了某种交际的目的使用语言的活动才可以称为任务。该任务定义与 Nunan 所提出的"真实世界的任务"或"目标任务"的概念比较吻合。而广义任务派认为，任务可分为"交际任务"（communicative tasks）和"学习任务"（enabling tasks），此处的学习任务与 Nunan 提出的教学任务意义比较接近。学习任务概念的提出对当前中学英语课堂教学活动的设计有更大的推动意义，因为中学课堂的英语学习非常关注课本内容的理解和运用，如在阅读课上，教师根据课文的相关信息设计出一个部分信息缺失的表格，让学生快速阅读后把信息填满。这种围绕课文内容设计的学习

---

2 莫爱屏. 语用与翻译[M]. 北京：高等教育出版社. 2010.

任务容易被中学教师接受。但是，我们的教育要真正意义上提高学生的语言运用能力，并提升学生的素质，那么任务的定义最好能满足 Skehan 对任务提出的五方面要求：①意义是首要的；②有某个交际问题要解决；③与真实世界中类似的活动有一定的关系；④完成任务是首要的考虑；⑤根据任务的结果评估任务的执行情况。换言之，任务关注的是学生如何沟通信息，通过交流互动解决交际问题，而不是强调学生使用何种语言形式；任务具有在现实生活中发生的可能性，而不是"假交际"；学生应把学习的重点放在如何完成任务上，对任务进行评估的标准是任务是否成功完成。

在外语教学中，目前教育部制定的新英语课程标准的实施建议明确指出：倡导"任务型"教学途径，培养学生综合运用语言的能力。任务型英语教学提倡以教师为主导，以学生为主体的教学活动，它提倡体验、实践、参与、交流和合作的学习方式。学生在活动中认识语言，运用语言，发现问题，找出规律，归纳知识和感受成功，真正让学生掌握讲英语、用英语的本领，从而培养兴趣，树立信心，发展自主学习的能力和合作精神，为终身学习和发展打下基础。

二、任务型英语教学模式的理论基础

任务型教学概念被提出后，二十多年来，它的发展、演化和内涵的不断丰富得益于理论的支撑。言语行为理论是任务型教学与研究一个十分重要的理论来源。言语行为理论旨在回答语言是怎样用于"行"，而不是用于"指"这样一个问题。Austin 认为言有所为的话语是被用于实施某一种行为的。根据个体说话时所实施的三种行为，Austin 提出了三种模式行为，即言内行为、言外行为和言后行为。言内行为是指传统意义上的"意指"，即指发出语音、音节、说出单词、短语和句子等。言外行为是指通过"说话"这一动作所实施的一种行为。人们通过说话可以做许多事情，达到各种目的。言后行为是指说话带来的后果。Searle 在 Austin 研究的基础上，把言语行为理论提高为一种解释人类语言交际的理论。Searle 认为，语言交际单位不是单词或句子等语言单位，而是言语行为。于是，语言交际过程实际上是由一个接一个的言语行为构成的。每个言语行为都体现了说话人的意图。他把一句话所实施的言外行为与内容联系起来，即话语行为与命题行为之间的关系。

随着任务型英语教学研究的不断深入，国内学者从不同的视角来探讨和建构它的理论基础。龚亚夫和罗少茜认为该教学模式的理论依据来自许多方面，有心理学、社会语言学、语言习得研究、课程理论等等。从语言习得的角度可以解释任务型英语教学的必要性；而社会建构理论和课程理论可以阐释任务型语言教学的教学理念。魏永红认为系统功能语言学的诞生对 20 世纪 80 年代以后的语言教学的发展产生了重大影响，包括任务型教学。同时她又从学习论的一些视角，如皮亚杰的认知发展论、布鲁纳的发现学习论、奥苏贝尔的意义学习论和社会建构主义学习理论，以及教学论的活动教学来分析任务型教学的教学理念。下面我们重点从语言习得理论、课程理论和活动教学三个视角来理解任务型教学的必要性和意义。

语言习得是指一个人语言的学习和发展。此处的学习与课堂上教师的语言知识的传授式的学习意义相对。我们常说："Language is not taught but acquired."（语言不是教会的而是习得的。）语言习得理论告诉我们，在语言课堂上仅仅学一些语言规则和词汇意义并不等于就能自如地运用该语言了。Willis通过研究语言习得发现，当学生做机械性语言练习时，他们的注意力有意识地集中在语法形式上，可能看起来暂时掌握了所学习的语法结构。而一旦让他们用语言去交流，注意力集中到语言的意义上时，语言错误就会很多。另外，Montgomery和Eisenstein做过一个实验，他们把一个班分成两组，实验组教语法，但同时也有实践的机会，对照组只讲语法。结果表明，虽然实验组用于语法学习的时间少，但是实验组不仅交际能力强，而且语法测试的成绩也比单讲语法的班级好。因此，语法加交际比单纯讲解语法知识更能提高语言的流利程度和语法的准确程度。

语言习得理论并非反对教语法，而是提倡在学习了该语法项目后，能有实践和运用的机会，如在不同的情景或语境中反复接触含有该语法规则的实践机会，并在不同的情景中使用这些固定表达方式。只有不断地在真实情景中使用语言，才能逐渐发展自己的语言系统，这正是任务型英语教学所要追求的效果。语言使用在任务型教学模式中是指用语言来做事情，即完成各种任务。当学生积极地参与用目的语进行交际的尝试时，语言也就被掌握了。当学习者所进行的任务使他们当前的语言能力发挥至极点时，习得也就扩展到最佳程度。课程理论是指人们对课程与社会、知识、学生等关系的规律性认识。英语学科课程理论是从学习者的角度，将学习理论、课程理论和教学实践综合的一种课程理念。它具体为由意识（awareness）、自主（autonomy）和真实（authenticity）三要素组成的3A课程观。课程理论有助于我们对任务型教学模式的教学理念作更深入的理解。

在3A课程框架中，vanlier首先提出意识的重要性。意识是指在课程学习时教师要让学生知道自己在做什么和为什么做，只有当学生明白自己学习的内容与他的生活或发展是有价值时，他才会投入注意力，对某物开始关注，有意识地参与，用心去感受过程，用心去反思效果。这份意识给普通教师的启示是教学不能只给学生灌输知识点，而是首先要在思想上让学生明白学习的目的和意义。任务型教学模拟人们在生活中使用语言的情景，通过各种有明确目标的活动，使学生能有意识地参与语言的交流，从而掌握语言。学生一旦找到了学习的价值，内动机被激活后，学习就进入第二阶段——自主阶段。

此处的"自主"指的是学习者可以根据自己的兴趣对要求完成的任务具有一定程度的选择权利，如可以自主确定总任务下的次任务内容，以何种方式完成任务，以及小组成员的分工等等。学习者被赋予了选择权，同时也被赋予了责任。学习者带着这份责任会尽力做事，这份发自内心的动力有助于对信息进行深度加工，提高学习效果。同样这份对自己学习负责的责任感有利于学生成为富有责任感的公民，达到民主教育的目的。学生通过参与任务型教学，不仅学会了语言，更重要的是学会了做人，因为学习过程就是人生磨炼的过程，这就自然要求学习过程的真实性。

VanLier的"真实"包括教材的语言材料没有被加工，课堂中使用的语言与生活相一致，更重要的是人的"真实行动"。所谓真实行动是指该行动是发自内心的，自愿的行动。在任务型教学中，学生想做的事情是他们自己想做的，他们的行为是自己选择的，他们表达的是他们的真实感受，他们所说的语言是他们想表达的，这才是真实。相反，不真实的行为是由外部因素引起的，是那些因为大家都这样做，或是被要求这样做，自己才这么做的事情。任务型教学鼓励学生表达自己的真实感受，传递真实信息，讲述生活中真实的经历，而不是背诵和转述课文。

活动教学是指以在教学过程中建构具有教育性、创造性、实践性、操作性的学生主体活动为主要形式，以鼓励学生主动参与、主动探索、主动思考、主动实践为基本特征，以实现学生多方面能力综合发展为核心，以促进学生整体素质全面提高为目的的一种新型教学观和教学形式。该教学方式有以下四方面基本主张：①坚持"以活动促发展"为基本指导思想；②倡导以主动学习为基本习得方式；③侧重以问题性、策略性、情感性、技能性等程序性知识为基本学习内容；④强调以能力培养为核心，以素质整体发展为取向。

以上有关活动教学的基本主张表明，它与任务型教学的理念非常吻合。首先，任务型教学中以任务即"用语言做事的活动"为其基本教学组织形式。这样做的理论假设是有效的语言学习不是传授性的，而是经历性的，让学习者参与有目的的交际活动，在交际中认识、掌握、学会使用目的语是习得第二语言的最有效途径。其次，从学习方式来看，任务型教学积极倡导合作学习、交往学习、探索发现学习、体验学习等学习方式。通过用目的语交流、沟通、协商，完成任务的过程，促进交际各方在目的语的掌握使用上相互取长补短，促进各方中介语系统的扩展、修订、重构，从而使语言的输入也在语言的使用过程，即输出过程中得到落实，语言的输出"能激发学习者从以语义为基础的认知处理转向以句法为基础的认知处理。前者是开放式的、策略性的、非规定性的，在理解中普遍存在；后者在语言的准确表达乃至最终的习得中十分重要。因此，输出在句法和词法习得中具有潜在的重要作用"。最后，从发展能力、提高素质的角度看，人作为社会个体，交际能力是最基本的生存能力之一。通过任务型教学，不仅语言水平得到提高，学生的沟通能力、合作能力也得到了锻炼提高，因此，提倡任务型教学是一种有效的素质教育途径。

三、任务型英语教学模式的特点和原则

在任务的定义部分已经提及 Skehan 对任务型教学的五个构成因素，在此不再重复。下面将介绍 Nunan 提出的任务型语言教学的五个特点：①强调通过交流来学会交际；②将真实的材料引入学习环境；③学习者不仅注重语言的学习，而且关注学习过程本身；④把学习者个人的生活经历作为课堂学习的重要资源；⑤试图将课堂内的语言学习与课堂外的语言活动结合起来。这五个特点针对我国的中学英语教学来说，要特别注意以下几点：

尽可能把英语课设计成各项语言活动，如回答问题、填信息表、设计课文提纲等，提供给学生进行真实情景下的、基于信息差的、有意义的交流活动。

注重语言知识的教学，但是不要单向地灌输，而是在任务布置后，让学生感受到我要完成任务必须得到必要的语言输入，先创造需求后以交互方式、在完成任务的情景中提供。

要充分体现真实性原则，即语言材料的真实，问题设置尽量以学生的实际为出发点，

同时要求学生提供真实的感受和想法，教师也要以真实的思想与学生交流，达到心灵的沟通。师生之间和生生之间通过这样的真诚沟通，加深相互的理解，使课堂上共同度过的时间更加美好。

随着对任务型教学的研究逐步深入，Nunan 在提出任务型教学的五个特点之后，又于 1999 年提出了五条教学原则：①言语、情景真实性原则；②形式—功能性原则；③任务相依性原则；④在做中学原则；⑤脚手架原则。这五项原则相比他提出的五个特点，在理论上进行了高度概括，对教学实践具有更强的指导意义。第一项"言语、情景真实性原则"在上文已经分析过。第二项"形式—功能性原则"中的形式是指语言形式，即有关语言知识本身，功能是指语言知识在真实情景中的运用。该原则要求教师和学生对语言形式和语言功能有清晰的认识；任务设计要注重语言形式和语言功能的结合，旨在使学生掌握语言形式的同时，培养其使用语言的能力。总之，在进行任务型语言教学时，语言的形式与语言的意义是紧密结合的。第三项"任务相依性原则"是指任务设计既要遵循由易到难的原则，又要体现任务之间的关联性，如总任务涵盖许多小任务，小任务环环相连、层层铺垫，随着小任务的完成，最后达到高潮，完成一个总任务。第四项"在做中学原则"可以说是任务型教学最核心的原则，"做"可以指我们前文中的"活动""交互"等概念，在此不展开讨论。最后一个原则是"脚手架"原则。该原则可以从两方面进行理解：一方面，教师设计任务，一定要适合学生的实际，让学生通过努力能够顺利完成，从而获得安全感和成就感；另一方面，在具体完成任务过程中，任务如何完成，任务的成果会是什么样的，教师都能在教学的初级阶段提供给学生一些可以借鉴的思路或样品。

第五节　社会文化互动取向的英语教学模式

课程作为一种社会文化，教学活动作为一种社会文化的传承与发展的现象，教育社会学流派对学校课程与教学的影响已经显而易见了。其中的解释理论（也有人称为"互动理论"）成为我们本节讨论的社会文化互动取向的英语教学模式的理论基础。该理论由现象学、知识社会学、符号互动论、俗民方法论、拟剧论等社会学术思潮共同构成。在课程与教学方面，其基本要点包括：①关注教学活动中教师与学生如何构建、解释并控制其日常生活过程中的问题，关注师生人际互动过程。②强调师生共同创造课堂生活，解释师生各自的角色和各种行为所表达的意义。注重师生在课堂中对话，认为要通过理解、解释去剖析师生的观念与行为。③分析课堂教学情景时，认为语言是最基本的符号，课堂教学是通过语言进行有效沟通的；在教学过程中，师生对课堂情景的不同理解是影响课堂教学效果的重要原因之一；社会互动是指人与人或群体与群体之间发生的交互活动或反应的过程。此外，英国新教育社会学家扬（M.Young）于 1971 年出版的《知识与控制：教育社会学的新方向》一书，发展了知识社会学理论。其基本观点是：把教育现象看成是一种创造性的事实而非一种既定的事实，师生互动是一种解释的过程而非一种由教师要学生被动接受的过程，教育知识和内容并非肯定是"客观的、公正的、有效的"，而是受制于社会、政治的权利影响。

以上观点表明课程是一种社会文化，课堂教学是社会文化的传承，所以社会文化互动取向的英语教学模式，可以简称为互动教学模式，或"交互（式）"英语教学模式。张森和蔡泽俊认为交互式教学模式是指在主体间的交往中（包括师生交往、生生交往），师生共同参与教学活动，相互承认与尊重，通过多种方式相互作用、相互沟通，促进学生全面和谐发展。它是开放的、建构性的，是一种全新的教学模式。该模式最早由 Palincsar 于 1982 年提出，它是一种以支架式教学思想为基础来训练学生的阅读策略的教学模式。该模式具有两个特点：重点放在培养学生以特定的、具体的用以促进理解的策略；这种教学以教师和学生之间的对话为背景。那么对于语言课堂，交互意味着什么？里韦尔斯认为"交互"是学生通过使用语言而获得语用能力，在使用过程中学生的注意力集中在传达和接受真实的语言信息上（即在关系到交互双方利益的情景中交换信息）。Wells 为交流是话语的基本单位，语言交互是合作活动，不管交流是口头的还是书面的，都包括在信息发送者、接受者和情景环境三者之间关系的建立中。交互不仅是自我观点的表达，而且是对别人观点的理解。

交互对语言学习为何如此重要呢？首先，通过交互学生可以增加他们的语言储备。因为在交互过程中他们倾听或者阅读真实语言材料，通过倾听同学们在讨论时的语言输出，或完成共同参与的解决问题的任务，或撰写对话日记等途径。其次，在交互时，学生能够使用他们所有的语言知识进行真实的交互，而这种表达真实意思的交流对他们来说是很重要的。就这样，他们能从所听的内容中提取信息，因为理解是一个创造过程，此外，他们也能通过创设语篇去表达意图。最后，在二语语境下，交互对在新语言和文化中生存是必不可少的，所以学生需要接受在新语境中交互方式的训练。

交互有利于语言学习，那么在语言课堂上如何进行有效交互呢？里韦尔斯等学者对此展开了研究，并总结了以下一些有效措施：

（1）教师给学生创设大量的倾听真实语言材料的机会。此处的真实语言材料包括教师流利的课堂英语，录音或录像带，报刊、卡通书、书信、产品说明书、菜单、地图等。如有可能，可把英语为母语的人士带入课堂与学生进行非正式的交互。真实材料不一定都很难，它们可以在一些有意义的活动中加以使用。

（2）学生从开始就必须在课堂情景中听说英语。例如，学生可以面对挂图和实物听和说英语；可以通过角色扮演、演戏和讨论听说英语；可以编制电台口头秀或在教室建立一个二手货市场，或举办鸡尾酒晚会或求职面试等活动。

（3）学生参与一些联营任务：指学生一起做一些有意义的活动，诸如，制作某物、娱乐别人、为跨文化口头报告准备材料等。

（4）学生观赏一些原版电影或录像带，观赏以英语为母语的人士如何交互，如观察非言语行为——如何感慨，如何开始、维持对话交流，如何进行意义协商以及如何结束交流等等。

（5）语音可以通过交互来提高，不仅通过对话式的听说活动，而且可以通过诗歌朗诵与创编对话或剧本等过程来锤炼语音和语调。

（6）跨文化交互对现实世界语言运用来说是很重要的。首先，学生们通常拥有相同的观点和价值观，相同的行为方式和言语方式。他们能辨别自己对目标语人士以及相互文化的思维定式。这种学习经历可以直接进行观点交流或介入另一种文化的活动。这种有指导地引领学生进行成功的跨文化交际活动或项目可以帮助学生建立自信。其次，观察来自不同文化的人士进行交互，清晰自己如何应对不同民族人士，监视自己的言语风格，以及操练不同的交互技巧，这些都能促进学生将来在不同文化环境中生存。最后，在英语作为外语教学的国家，学生可以把那些有可能因为文化差异而导致交流失败的片段表演出来。如有可能，还可以以与英语为母语人士从他们本民族的文化视角来谈谈他们所做决定是否合适。歌曲、音乐和舞蹈也能让学生欣赏对方民族的文化底蕴。

（7）在阅读活动中，在读者与文本之间应该有精彩的交互，如解释、拓展、讨论其他的可能性或其他结论。通常阅读可以让学生进行有效的语言、笔头输出。

（8）针对写作活动，要注意写好的东西应该有人来阅读，如在班级报纸上刊登或抄写在通知栏上。对话日记是交互性写作的典型例子。

（9）交互并不排除语法学习。语法知识有利于交互水平的提高，但是要把语法学习过程交际化，让学生通过有效的意思表达的经历来内化语法规则。

（10）测试也应该是交互性的水平测试。多项选择和填空题是语言知识的测试，不是正常语言使用活动。测试应该尽可能地转回到语言的正常使用上来，使测试成为一个在理解和表达方面意义建构的有机过程，因为测试本来就是学习过程的一个部分。

近年来，我国的学者和教师也越来越关注英语课堂教学的互动性。李秀英和王义静认为"互动"英语教学模式是高校英语教学的必然趋势。作为教师，我们不能把自己看作是不断向学生传递信息的源泉，而应是组织学生大量参与使用语言的学习活动的组织者和参与者，从而为学生学习使用语言创造机会，提供指导，使学生通过自己的语言实践来掌握这些知识和能力，并为取得富有成效的结果提供监督，帮助学生负责自己的学习，并在学习过程中逐渐掌握最适合自己情况的学习方法。李秀英和王义静提出"互动"英语教学模式设计的根本原则必须符合创造性的有意义的语言操练。具体地说，互动活动的内容应有助于激发学生的兴趣、学业目标和事业目标等；在互动教学过程中新导入的内容必须要与学生已有的知识、背景等相关；互动活动的内容还必须能够激发学生参与活动的内在动机。这样的活动可以包括以学习者为中心的、合作性的教学，以内容为中心的活动，语言、文化相结合的活动，以语言表达能力培养为基调的活动，以技能培养为基础设计的测试。此外，李秀英和王义静在具体课堂教学过程中，把"互动"英语教学模式设计成以下种类：以问题为中心的操练活动；以词语使用为方式的词汇学习过程；以人称替换、原文内容为主线的故事"重组"活动；以翻译为检测手段的巩固方式；听说结合的听力教学方式；形式多样的趣味英语活动。

这些有关高校英语教学的"互动"理念和根据这些理念设计的教学活动在2000年前后显得比较新颖，其实这些操作方式就是课堂教学交际化的具体体现，把学生的主体性充分挖掘出来，试图通过语言运用来学习语言。从"互动"英语教学模式设计的种类看，该模式把各个教学环节都变成了互动过程，这点做得非常好。但是，互动活动在很大程度上仍然是在关注语言本身，如，操练活动、词汇学习方式、巩固活动、听力教学方式等，这表明"交互"只是在教学技巧上的一种改变，在总体上没有形成比较完整的新的课堂教学体系。这里的"交互"与前面提到的"交际教学"区别何在？根据本节最前面提到的"解释理论"的主要观点，课堂上通过师生的平等交互，其主要任务是应该加深双方之间的理解以及双方对事物的理解。在交流过程中不断地使用目标语，从而掌握该语言。

要想使自己的课堂更具交互性，建议教师在英语课堂上不妨抛弃那些程式化的教学语言，如：Now we are going to study grammar./Now let's study the new words./Now Let's use this word to make a sentence. 而更多地使用与交谈话题相关的、富有情感的、互动式交际性语言，如，Let's imagine…/Suppose…/In that case, what do you think…What's your opinion about…/Put yourself in the position…/Do you want to make a guess？/Who has a different opinion about…等。

随着英语课程改革的不断深入，对互动英语教学模式的研究也在不断深入。例如，张森和蔡泽俊总结了"交互式"课堂教学基本模式的流程为：目标导入—小组讨论—组际发言—成果评价。在课堂上可采用同桌互学、小组讨论、大组辩论、自由发言等形式，营造"生—生""师—生"间自由平等的氛围，通过学生之间的互相提问、互相帮助，让学生学会思考、解决问题、发展思维，从而实现学习的目的。

张森和蔡泽俊提出的交互概念与上文提及的里韦尔斯等提出的概念不完全一样。前者仅仅把交互定位在语言符号的使用上，而后者可以包括语言、活动和非言语性的理解活动（如读者与文本的交互）等[3]。

总之，社会文化互动取向的英语教学是一种面向未来的新事物，它的内涵与形式需要不断完善和丰富，它的教学组织方法也将朝着多样化的方向发展。

第六节　全语教学模式

全语教学模式也称整体语言教学模式，该模式的理论首先由 Ken Goodman 提出，其核心理念是：语言是整体的，不能被分割成听、说、读、写等技能。同样，语言中的词、短语、句子和段落好比一件东西内部的原子和分子，我们可以研究原子和分子的特性，但是其整体意义总是超过各部分加起来的总和。此外，该理论还把语言教学的范畴推广到与学生生活有关的其他各个方面。学习语言的目的是满足学生现实生活中的真实需要，为了进行有意义的人际交流，解决生活中的实际问题。它的优势是能够使一个主题概念多角度、多层次地反复重现，使学生有机会把过去的知识和经验与今天的学习任务结合起来，使新旧知识在头脑中形成网状记忆、网状联想，使英语学习的质量发生飞跃。我国学者王才仁把上面第二层意思进行了拓展，认为"整体语言法"（Whole Language Program）就是把语言与学习其他文化课结合起来，实行综合推进，既学语言，又长知识，互促互动。一个

3　陈晓峰. 新思维英语语法教程 [M]. 北京：国防工业出版社. 2013.

学英语的人，如果汉语水平不高、知识面狭窄，很难在英语上有很高的造诣，即便能流利地说英语，也无法充分发挥英语的交际工具作用。

语言是一个整体，知识学习也是一个整体，学习者的生活和学习也应该得到统整。对此，左焕琪认为整体教学法的最大特点是："它一反自古以来由教师决定从部分到整体进行教学的传统，强调由学生主动参与并遵循内容从整体到部分的教学过程。"这种反传统的教学方式是受到了语言习得和学习的科研成果启发，该成果表明只有当学生认识到语言整体时，他们才能认识语言的本质。在外语教学中，要注意以下几点：①应先让学生在教师的启发下看到整体，然后逐步掌握教学内容；②每一部分的学习应该是有意义的，而不是无意义的机械操练；③可先用母语讲清概念，然后采取师生与学生之间互相交流的形式练习；④口语与书面语并重，以达到理解透彻与掌握的目的。

整体教学法可用于宏观与微观外语教学中。宏观是指每个单元开始时，先与学生一起讨论该单元的主题的概况，然后学习具体内容和词汇、语法结构等；微观是指如教授某一语法现象，可先讨论同一大类的特点，再学小项。在每次上课时，整体教学把每节课作为一个整体来处理，而每节课又都有侧重。这种教学法的心理基础是格式塔心理学。该理论认为为了培养创造性思维，教师也应把学习情景作为一个整体呈现给学生，人对语言刺激的反应是综合的，而不是通过对语句的分析来理解其内容的。王静认为该整体教学模式可以体现在以下方面：①课堂教学的整体设想；②课堂教学内容的整体处理；③在设计整体教学过程中，教师必须遵循语言学习的规律；④注重发挥教师的主导作用；⑤注意整体教学的适应性。针对课堂教学的整体设想，要注意面向大多数学生，课堂教学要以多数学生的听说读写活动为主，以完成教材内容为主。

第三章　高校英语教学中存在的问题

第一节　高校英语教学问题的症结剖析

笔者认为，我国高校的公共英语教学一直是基于一个统一的教学大纲，缺乏分类指导，学习英语通常是为了通过考试（当然不排除日常交际的功用）。自全国大学英语实行四、六级考试以来，各高等院校对英语越来越重视。很多学校要求所有专业的学生要通过一、二年级的学习最后通过"全国大学英语四级考试"，"四级"考试主要测试学生的听、读、译、写能力（现在又对部分学生增加了口语考试）；这对调动学生学习英语的积极性、提高英语教学水平起到了很大的促进作用。然而，由于没有后续教学，非英语专业学生在通过了大学英语四、六级考试后也就意味着"圆满"完成了在大学期间的英语学习。大三、大四两年基本上没有系统的英语课程，ESP并未得到应有的重视，ESP教学尚处于初级阶段，关于ESP教学的具体理论研究及实践还不成体系，适合中国学生的教材十分有限。ESP教学的匮乏与社会发展对人才的需要相矛盾。目前高校培养出的大学生绝大多数看不懂英文的产品说明书，更不晓得某个术语用英语怎么说，他们无法用英语获取相关的专业知识。这样的教学是不完整的，更是无法顺应时代需求的。随着我国入世和进一步实行对外开放，社会对外语人才的需求呈多元化趋势，单一外语专业或单一技术技能型的人才已经不能适应市场经济的需要，人们普遍感到学校中所学英语满足不了实际交际的需要。目前外语界最热门的话题就是"如何培养复合型人才？""如何提高学生的英语实践能力？"这意味着当前的外语教学必须顺应时代要求，转变教学模式，由单科的"经院式"人才培养转向"宽口径""应用型"复合型人才的培养模式。要做到这一点，必须大力倡导ESP教学。

与国外ESP的快速发展形成鲜明对照，ESP在我国发展相对滞后。我国ESP研究起步较晚，国外六七十年代ESP研究兴起之时，我国应用语言学的研究几乎处于停顿状态。从20世纪70年代起，我国一些理工科院校相继成立了外语系或科技外语系，组织和实施高校英语教学，各个省成立了高校英语教学专业委员会，全国成立了高校英语教学指导委员会，专门组织高校英语教学、研究、考试。对于ESP研究始于70年代末，到目前为止，我国外语界对ESP在课程设置、教学法、教材建设、ESP工具书编纂等方面进行了多维的探索。为了更好地传授ESP课程，对与之关系甚为密切的工具书进行研究，并依据这些研究成果编纂相应的辞书，如《英汉自动学及检测仪表词汇》《英汉计算机技术词典》《英汉美术词典》《英汉社会科学词典》《英汉空气动力学词典》等。但就编纂的宏观结构和微观结构而言，不少辞书存在着诸多缺憾。其间也发表了不少 ESP 的相关文章和论著，遗憾的是，大部分仍停留在介绍国外的研究成果上，只有少数结合自身 ESP 从教经历探讨大学 ESP 教学模式。与国外 ESP 的系统研究相比，国内方面的研究相当有限。

ESP 教学兴起于 20 世纪 80 年代初，标志为科技英语和经贸类英语专业的设置以及由此带动的各类专业英语课程的开设。同时一些外语院系也开始尝试开设"科技英语"课程，并尝试与外界交流。1981 年，在联合国开发署的资助下，ESP 教学网在北外、上外、西外的出国人员培训部成立，任务是帮助 ESP 项目学员（主要是科技人员）用半年左右的时间完成语言训练，掌握英语交际能力，然后按中国与联合国有关组织和机构商定的经济技术合作项目派往国外参加学术交流、学术深造或研究。

一方面，实践领域付出了巨大的努力，另一方面却不时传来学术界对 ESP 是否存在的种种质疑。对于是不是有"科技英语"（专门用途英语在我国的另一种叫法），我国的外语界从一开始就有一场争论。当时中国科技大学研究生院李佩在向中国科学院各研究所发出的征求意见书中就记载了这样的意见分歧：

近年来，我国外语界对大学公共英语教学应取向"科技英语"还是"普通英语"一直有所争议。所谓"科技英语"是 70 年代海外开始流行的"专用英语"引进中国后的一种说法。赞成"科技英语"者认为随着科学技术的飞速发展，国际交往的日益频繁，英语已成为国际学术交流所必备的工具，因此认为"科技英语"或"学术英语"应是大学英语的主攻方向，以满足学生的特殊需要。而主张"普通英语"者则认为无论何种专业系统，其所用英语均属于该语言的大体系之中，只有"为科技用的英语"，而不存在什么"科技英语"，只有让学生打下一个扎实的英语基础，方能真正使其起到得心应手的工具作用。

在李佩所选的中国科学院各研究所所长和研究员的回信中，基本上都反对"科技英语"说法。如："把外文的基础打好，读科技文章就不成问题"。"我偏向于以'公共英语'为基本，只有掌握这门语言的'共核'部分，才能有利于在科技方面的应用"。"我 100% 地支持大学公共英语应取向'普通英语'的看法"。中国科学院院士，当时复旦大学校长杨福家甚至撰文指出："不能将语言简单地划为'科学英语'，乃至'物理英语'、'生物英语'等等"，并断言"'科学英语'根本不存在"。张少雄撰文认真评说了科技英语词汇不存在的种种理由，并由此断言：不仅科技英语词汇不存在，按学科分类方法分割出的各种专业英语，除有一定程度的心理意义以外，并无理论上的科学性，也没有实践上的必要性。

学术上意见不同完全可以争论，但当时这场争论已超越了理论上的探索，直接影响我国的高校英语教学课程设置和发展方向。在较长的一段时间里，这种观点占主导地位：我国的高校英语教学是基础英语即普通英语的教学，不需要也根本没有必要进行专门用途英语的教学。按照一般的理解，科技英语是 ESP 的重要组成部分，我国的 ESP 教研也是首先从科技英语开始的。如果科技英语不存在，ESP 存在的理由就必然苍白无力。出现这种尴尬的局面有多种原因，最主要的是长期缺乏理论研究使得我国高校的 ESP 教学体系多年来一直处于较为混乱的状态，突出表现在教学大纲对 ESP 课程定性与定位不明、ESP 师资匮乏、教材滥用等。

1983 年，上海交大受国家教委的委托，对全国部分院校毕业生在工作中使用英语的情况进行调查分析，这是我国高校英语教学首次对学生的交际需要进行分析，以后又对部分院校新生入校时的英语水平进行调查分析。这些分析虽然不尽完善，却为国家教委1985年颁布的《高校英语教学大纲》（理工科本科）（以下简称85《大纲》）的制定提供了重要的数据资料。85《大纲》将大学英语分为专业英语阅读阶段和基础阶段。大纲指出了专业英语阅读阶段的培养目标是：使学生能以英语为工具，获取专业所需要的信息。尽管85《大纲》中不少内容的确定都采用了ESP的路子，如"微技能表"就是以Munby的被应用语言学界誉为ESP中最深刻、最严谨的需要分析的《交际大纲设计》（Communicative Syllabus Design）一书为蓝本，但《大纲》没有明确ESP课程，只是遮遮掩掩称是"专业阅读"，（尽管最初开设的课程以科技英语为主），没能明确指出它到底是英语课还是专业课，至于到底读什么？深度、难度如何？均没有量化的指标。

85《大纲》对ESP教学没有实质性的推动，加之ESP本身的跨学科性和当时社会经济状况对英语要求不高，因此在经历了80年代末到90年代初短暂的科技英语热之后，ESP教学发展几乎停滞，原本设立ESP专业的学校，由于毕业生没有明显的优势，不得不放弃ESP特色。例如，原华西医科大学曾在1986年开设了医学科技英语专业，学生除学习英语外，每学期还至少学习一门医学课程，学制相应延长至5年，其培养目标为医学院校英语教师，毕业生既能胜任公共英语教学，也能承担医学英语甚至医用拉丁语教学。但走上教学岗位的毕业生反馈医学院校有的没有开设医学英语，有的开设了但不是由外语教师任课，因此该校英语专业从1994级学生开始，基本上停开了所有医学课程，学制也缩短至4年。

就教学对象来讲，ESP和EGP一样在我国有着大量学习者。许多岗位的工作人员利用业余时间参加ESP课程培训，从每年有几十万的学习者参加由剑桥大学举办的BEC(Business English Certificate)考试就可以看出这种趋势的存在。从国家教委到外语学界的专家、学者以及一线教师都意识到开设ESP课程的重要性。

1996年出版的高等学校理工科本科用《大学英语专业阅读阶段教学基本要求（试行）》弥补了85《大纲》的缺陷。对《大纲》中关于专业阅读课教学的要求和安排作了进一步阐述，制定了课程的教学基本要求，加快了专业阅读课教学规范化的步伐。

同时，外语专业教学内容和课程体系改革也在紧锣密鼓地进行中。1994年底，国家教委制定了高等院校面向21世纪教学内容和课程体系改革计划，《面向21世纪外语专业教学内容和课程体系改革》课题项目由上海外国语大学和北京外国语大学合作承担，并邀请了北京大学、清华大学、复旦大学、南京大学、对外经贸大学、外交学院、华东师范大学和解放军外国语学院等院校的专家、教授参与工作。为了便于开展研究，分别成立了由上海外国语大学和北京外国语大学牵头的南北方两个课题组，在国家教委高教司外语处的直接指导下工作。课题组自1996年正式开展工作，到1997年6月截止，课题组分两个阶段进行了大量的调查研究、信息数据统计和分析研讨工作。两组分别设计了调查问卷，分析反馈信息，并在此基础上撰写了分析报告。1997年6月，课题组成员参加了高等学校外语专业教学指导委员会英语组年会，1997年11月，又参加了全国外语院校协作组年会。在两次年会上，课题组成员认真听取了外语界专家对外语专业教学内容和课程体系改革的意见和建议，与会专家肯定了课题组的调研工作以及关于外语专业教学改革的总体思路。

经过对全国部分外语院校（系）人才培养和教学现状的摸底调查，基于各院（系）的总体改革和发展情况，结合21世纪对外语人才的需求，课题组提交了《关于外语专业教育改革的建议》（以下简称《简称》）。《建议》的核心内容是：21世纪是一个国际化的，高科技经济时代、信息时代、智力和人才竞争的时代。我们培养的学生作为21世纪的社会主义建设者和接班人，应该是能立足我国以经济建设为中心的各条战线，面向改革开放前沿，适应市场经济，利用所学语言和知识，在传播沟通信息和进行科研成果的对外交往与合作、从事教育与科学研究等方面胜任工作，并发挥积极作用。这是21世纪的中国和世界对外语专业人才提出的新要求。这份建议还指出，外语教育专业改革的当务之急是转变教育思想，更新教育观念。由于社会对外语人才的需求呈多元化的趋势，过去单一外语专业和技术技能型人才已经不能适应市场经济的需要，市场对纯语言专业毕业生的需求量正逐渐减少。因此外语专业必须从单科的"经院式"人才培养模式转向宽口径、应用性、复合型人才的培养模式。其实，英语专业的学生仅仅是ESP学习者的一小部分，更大一部分来自非英语专业的学生以及专业工作人员。

ESP课程的进一步明确是1999年修订的《高校英语教学大纲》（以下称99《大纲》），正式提出了"专业英语"的名称，对"专业英语"的地位与重要性给予了充分的肯定，并规定为必修课。明文规定："专业英语是高校英语教学的一个重要部分，是促进学生完成从学习过渡到实际应用的有效途径。各校均应在三、四年级开始专业英语课……切实保证大学英语学习四年不断线。"99《大纲》的要求明确了大学英语第二阶段即提高阶段的教学方向，（第一阶段为基础阶段），为大学高年级阶段的ESP教学定了位。

但99《大纲》的问题依然存在。既然是《高校英语教学大纲》（以下简称《大纲》）做出的规定，那么专业英语课理应属于英语课程系列，是公共基础课。但是由于《大纲》规定"专业英语课原则上由专业教师承担，外语系（部、教研室）可根据具体情况配合和协助"。在实际操作中，外语教学部门的配合和协助基本上是一句空话，ESP课程完全成了专业课教师的副业。可能是《高校英语教学大纲》对ESP的定位不明导致各个学校教务部门对它的认识五花八门。以同济大学为例，在42个开设有ESP课程的专业中，有21个把它列为专业基础课，15个把它列为专业课，还有6个把它列为公共基础课。同济大学的情况在全国高校中很有代表性。作为专业课或专业基础课，ESP课程理所当然应该由专业课老师来组织教学。而作为公共基础课（大学英语课程的一个分支），则应该由英语教师来组织教学。从ESP的全称English for Specific Purposes来看，它首先是一门英语课，应该由英语教师来承担。无论是英美等英语国家还是新加坡、罗马尼亚、中国香港等英语水平较高的国家和地区都把ESP课程作为英语教学的一个分支，由英语教师来承担教学工作。而在我国，由于定位的不明确，ESP课程一小部分由英语教师承担，其余大部分由专业课教师包揽，使得从事ESP教学的教师主要有这样两类：

第一类教师：在服务前(pre - service)以学文学为主，后从事EGP教学。由于教学计划改变，或为满足学习者新的需要，转向一些较热门的专业英语，如法律英语、商务英语、科技英语等。由于本身不是某一话语共同体的成员，给教学带来一定的局限性，如不完全熟悉该专业的业务，无法了解学习者的各种需要，不精通该语言体裁的特点或词汇特点，容易将专业学科教学上成英语的辅助课，使语言教学易走弯路，不但费时、低效，甚至误导学习者。

第二类教师：在许多高校，专业英语都是由某一系或专业的英语水平较高的专业教师承担，这些教师的优势是熟悉本专业的词汇与交流机制，既是目标话语共同体的成员，又是该专业的行家里手。但是专业课教师讲授ESP课程有很多缺陷。首先，教师自身的英语应用水平和教学水平值得怀疑。不能否认少数专业课教师有较高的英语应用水平，就如汉语讲得好的人不一定会教中文一样，他们是否有能力组织有效的ESP教学，还很难说。更何况，英语应用能力强的教师不一定被安排去教ESP课程，这就不可避免地使相当一部分教学任务落到了英语应用能力本身还存在问题的教师身上。同济大学的相关调查表明，不少从事ESP教学的专业课教师对自己的英语能力信心不足，多数老师只用传统的语法翻译法教学。同济大学作为全国排名靠前的重点大学，情况尚且如此，那么众多不如它的高校情况如何，就不言而喻了。其次，专业课教师无论是教学还是科研，都把主要精力放在自己的专业上，ESP课程只不过是"副业"而已，花在上面的精力非常有限，这直接导致ESP教学方法呆板、教学效果差、科研停滞不前。而对ESP教学和科研有兴趣的英语教师则苦于没有机会从事教学实践，即使搞科研，也只能纸上谈兵，无法理论联系实际。

另据韩萍、朱万忠等调查，由于ESP对教师有专业与语言的双重要求，许多高校的专业教师，由于他们自身语言底子不足又缺乏语言教学经验，选择的教学模式主要还是"翻译+阅读"，很少涉及语言综合技能的全面训练，在课堂中扮演的角色仍然是"以教师为中心"的"传道授业解惑者"，学生也只是知识的被动接受者；同样，由语言教师担任ESP课程教学，由于不懂相应的专业知识和ESP教学之于EGP的特殊性，也难以胜任。ESP师资选择陷入两难的境地。陈冰冰对温州大学师生的访谈发现，许多教师对ESP教学没有组织设计交际任务或活动，仍使用传统的呈现式、灌输式教学法或使用精读或阅读的教学模式进行教学，整个课堂只有来自教师的输入（input），忽视了学生对所学语言的输出（output），"哑巴英语"现象仍然没有得到改观。受英语四、六级全国统考的影响，全校外语教师普遍重视基础英语，从事ESP教研的教师寥寥无几，这在该校2004年度校级ESP教研立项的项目数量就可以看出：总共39个项目中，有关大学英语的有六个，而有关ESP的只有一个（《英美报刊选读》教学创新之探索）。同样，其他高校也存在着厚此薄彼的现象。

99《大纲》中要求的各校"要逐步建立起一支相对稳定的专业英语课教师队伍，成立由学校领导和专业英语教师组成的专业英语教学指导小组，统筹、协调、检查专业英语教学方面的工作"，明示了ESP师资力量不稳定的突出问题。一般院校很难找到既通某种专业又通外语的"全科教师"。一般的英语教师缺乏必要的专业知识，讲授的深度和广度受限，加之基础教学任务重，压力大，无力担此重任；而专业教师对于高校英语教学的内容不熟悉，对学生在基础阶段所接受的训练及掌握的语言知识、技能了解不多，在讲课中出现该讲的没讲，不该讲的又重讲的现象，加之自身英语水平的限制，不利于指导学生的专业英语阅读。

尽管专业课教师和语言教师的合作一直为 ESP 研究者所提倡，可是王蓓蕾在对同济大学 ESP 教学情况调查中发现，ESP 教师都是专业课教师，其中只有两位和其他教师合作教学。他们的教学重任仍在专业课上，他们认为 ESP 课程备课量大，对教师有专业和语言的双重要求，费时费力，不如上专业课有成就感，师资队伍不稳定。甚至于些高校或推迟开课的时间，或索性根本不开设 ESP 课程。

事实上由于长期以来 ESP 在高校英语教育中的定位模糊不清，像上文提到的选择教师的尴尬仍在继续发生，围绕着这个话题的讨论也在继续进行。章振邦教授指出："现在的问题是我国的普通英语教学太长，对专业英语重视不够，从小学到中学到大学学的都是普通英语，所谓'四级'、'六级'测试，都是在测试普通英语的水平。高校英语教学迟迟不与专业挂钩，怎能要求学生毕业后走上需要专业英语的工作岗位能够胜任愉快？"刘法公指出，中国英语教学界对基础英语和专门用途英语教学之间存在不少模糊的认识，认为英语教学的任务就是培养学生基础英语的技能。我国许多高校的现状是重视基础英语，忽视 ESP 教学，极大地影响了学生综合英语能力的培养。著名学者秦秀白教授认为我国 ESP 教学尚未进入成熟阶段，一个主要原因是没有解决好 ESP 在高校英语教育中的定位问题。

各专家、学者都曾就此提出自己的解决方案，刘润清建议给大学英语教师举办师资培训班；黄建滨和邵永真认为应"选派英语功底好的优秀专业课教师担任专业英语课的教学任务，并在待遇上给予特殊政策"；蔡基刚则认为 ESP 教学应"主要由外语教师来承担，而双语课可由专业教师授课"；还提出鼓励年轻的具有硕士学位的外语教师攻读其他专业的博士学位，加强和双语课程专业课教师的业务合作等。

笔者认为最根本的原因还是因长期以来我国外语师资培养结构不合理，ESP 教师教育专业空缺造成的。传统的师范外语专业知识结构单一，偏向纯语言知识的传授，学科知识与跨学科知识互不挂钩，外语师资与专业师资培养各自为政，忽视了"ESP as a multi-disciplinary activity"（Dudley – Evans &ST John）的事实，缺乏对英语作为国际性语言应与时俱进、与世界经济全球化同步发展的前瞻性考虑。当然，我国个别高等院校已经注意到这一问题，并实施一些对应措施，广东外语外贸大学就开设了法律英语的博士点；其商务英语学院每年还派送商务英语教师赴英国兰开夏大学攻读国际商务英语教学或工商管理硕士学位；上海外贸学院定期派送英语教师到英国进行 ESP 师资培训。这些做法当然值得极力推荐，可是就国内大部分高校目前的条件来讲，还是不太现实，即使能够做到，也是杯水车薪，解决不了整个问题。

除大纲和师资问题外，教材的问题也相当严峻，不容乐观。开展专门用途英语教学必须依靠合适的系列教材。没有一系列科目适当、难度适中、语言适宜的专门用途英语系列教材，就无法保障教学质量。国家教委没有组织各系统各专业统一编写专业英语教材。基本上每个学校以自行编写或选编为主，教材没有统一的教学目标，缺乏统一的指导思想，存在着较大的盲目性和主观性。各教材之间缺乏内在的连贯性与系统性，更少考虑到所选教材之于教学法的可操作性。有的教材是国外专业书的片段拼凑；有的只有课文，没有练习；有的只注重专业知识，完全忽略英语语言的训练。大多数是民间自发独立或联合编写的杂乱无章的教材。部分 ESP 教材的编写者从事通用英语教学，没有受过有关 ESP 知识的专门训练，对 ESP 的核心指导理论——"真实性"的理解不够全面，认为真实的语料仅指真实的书面语篇，忽略了听、说等真实的语篇、真实的课堂活动的运用和对语言教室交际场景文化真实的设计以及对学生真实学习策略的培养。一些教材虽然运用了真实阅读语篇，但内容陈旧，不能充分调动学习者的积极性，教学效果不理想；某些教材练习仍然以语法、词汇、翻译等传统练习为主；还有一些则全盘采用外国杂志上的原始材料，难度大大超过学生已有的语言与专业水平，阻碍了课堂交际活动的安排。更严重的问题是，教材几乎全是由教师在课前选定，学生对教材的选择没有发言权。任何 ESP 课程的设计都要以学习者需求为基础进行，而在我国，ESP 需求分析对绝大多数课程设计者来说还是一个陌生的概念，更不用说有人去做了。没有需求分析，课程设计者对各个领域的 ESP 课程是否有必要开设缺乏概念。比如，该以使学生达到什么程度为培养目标，达到这一目标需要多少学时，应该采取大班上课模式还是小班上课模式等。因此，就出现有的专业安排 ESP 课程，有的专业则没有，学时差异也很大，无论专业本身对听说读写要求如何，都采取大班上课模式。

目前，组织人力编写出较为完整、统一的专门用途英语教材是亟待解决的英语专业学科建设问题。近几年来，宁波大学、汕头大学、广州外语外贸大学、北京外国语大学的专门用途英语教师已陆续编写并出版了"现代国际商务英语""报刊英语""旅游英语""国际商务英语""国际金融英语""商贸法规英语"等教材并同时开设相关课程，这一尝试值得借鉴推广。

鉴于师资匮乏、教材滥用等问题，很多院校的专业阅读课迟迟不能开设。即便开课，课时也不能保证，收效甚微，形同虚设。王蓓蕾在对"同济大学 ESP 教学情况调查"一文中指出："调查表明，从总体来看，62% 的学生能看懂原版资料，但遗憾的是，80% 的学生却无法用英语交流相关信息。看来 ESP 教学仍停留在专业阅读阶段。各专业的差异也较大，如地质学专业 70% 的学生能看懂原版资料，而给水排水工程竟有 50% 的学生看资料有困难"。

ESP 课程具有边缘性，是专业内容与英语语言技能培养的结合，各个领域的内容差别很大。目前我国多数 ESP 课程缺乏教学大纲，虽然 85 年、99 年的《高校英语教学大纲》对 ESP 课程做出了一些指导性的规定，但过于笼统，不能算作真正意义上的教学大纲，况且每个领域（如医学、法律、计算机、金融等）的 ESP 内容各不相同，不可能共用一个大纲。教学大纲的缺乏使得教师对教材的选取和讲授内容的多少自由度过大，责任心欠缺的教师可能会偷工减料，使教学内容大打折扣，即使责任感强的教师，也会由于对课程的认识不一致而影响教学内容和效果。教学必须有相应的评价机制，ESP 教学不同于一般的教学，不能用一般的教学评价机制来衡量，需要建立客观、公正、符合 ESP 教学规律和特点的评价机制，而大多数高校还没有建立起相应的 ESP 教学评价措施，使得教学长期处于无人监管的状态。

教学发展的停滞不前使有关部门认识到问题的严峻性，在 ESP 教学举步维艰、效果不佳的情况下，转而把希望寄托到双语教学上。教育部办公厅在 2001 年 9 月下发了"关于加强高等学校本科教学工作提高教学质量的若干意见","意见"强调指出:"积极推动使用英语等外语进行教学,按照教育面向现代化、面向世界、面向未来的要求,为适应经济全球化和科技革命的挑战,本科教育要创造条件使用英语等外语进行公共课和专业课教学。对高新技术领域的生物技术,信息技术等专业,以及为适应我国加入 WTO 后需要的金融、法律等专业,更要先行一步,力争 3 年内,外语教学课程达到所开课程的 5%~10%。暂不具备直接用外语讲授条件的学校、专业,可以对部分课程先实行外语教材,中文授课,分步到位。"这里所说的外语教学即双语教学。一度有关部门及高教界人士对双语教学提高学生 ESP 应用能力寄予厚望,但在具体的教学操作中,双语教学依然困难重重,成了很多学校教学上的一个死结。湖北大学的一位负责人在该校接受教育部评估前无奈地说:"我校各项指标都能得 A,唯独双语教学率不及格。"接着,2004 年颁布的新的《大学英语课程教学要求(试行)》,虽然强调教学要与学生未来工作需要相结合,但对 ESP 教学几乎没有明确的提及。高校英语教学依然沿袭通用英语一统天下的套路,ESP 教学似乎已被淡忘,无人问津了。

ESP 在中国已有几十年的发展历史,遗憾的是出于种种原因,它依然未能挣脱大学公共英语和专业课程的羁绊。传统的"语言中心"和"教师中心"的教学法仍然根深蒂固,ESP 课程不免处于尴尬的境地,既不能满足学生提高语言能力的要求,也无法和专业课的重要性相提并论。时至今日,ESP 依然在夹缝中苦苦挣扎,祈求有一片完全属于自己的生存空间。

第二节 英语基础知识教学中的问题

一、语音教学中的问题

我国的英语语音教学主要存在五个问题:对语音教学的内容和任务把握不够、对语音教学重视不够、教师语音不标准、对语音教学的长期性认识不够、学生的语音练习机会太少。下面我们就对这五个问题分别进行说明和分析。

(一)对语音教学的内容和任务把握不够

语音教学的内容不仅包括字母、音标和拼读,还包括语流、语调、重音等。但有的英语教师只关注前面几项内容,而忽视了后面几项,这就很容易造成学生发音尚可,拼读也还熟练,但语流不畅,语调不过关,最终影响朗读、口语能力的发展。这是因为,语调、重音等因素对语义的影响有时比单个音素还要大,而且也对学生语感的培养极为重要。因此,英语语音教学不能只停留在单个音素和单词读音的层面,还应帮助学生在音长、重音、语调、停顿、节奏等方面打下坚实的基础。

除了知识性的传授以外,语音教学中教师必须使学生具备以下几种能力。

(1)能够听音、辨音和模仿语音。(2)能够将单词的音、形、义联系起来,并能迅速做出反应。（3）能够按照发音规则将字母及字母组合与读音联系起来。（4）能够迅速拼读音标。（5）能够将句子的读音和意义直接而快速地联系起来，从而达到通过有声言语进行交际的能力。（6）能够朗读文章和诗歌。

（二）对语音教学重视不够

语音不仅是语言的基本要素，更是语言赖以存在的基础。可以说，世界上所有的语言不一定都有文字形式，但一定有各自的语音。因此，英语语音教学也应该是整个中学英语教学发展的起点。然而在实际教学中，对语音重视不够的情况并不少见。这一现象不仅表现为对学生的发音问题（如浊辅音发成清辅音、短元音发成长元音等）不认真纠正就放过；还表现为学生的语音基本技巧不纯熟，无法快速地将字母和语音联系起来，达不到直接反应的水平。总之，对语音教学的重视不够往往直接导致了学生语音基本技巧自动化程度不够。

这一问题不仅阻碍了英语的后续教学，更影响了学生的语言能力和各项语言技能的发展。有调查显示，我国英语教学存在两极分化的现象，包括班与班、校与校、地区与地区的宏观分化和班内学生之间的微观分化。这种分化无不与语音教学有着莫大的关联。因为如果语音基础不好，读单词就会有困难，不会读或读不准单词也会直接影响到单词的记忆和积累。而词汇量不够的话，阅读也就困难重重。另外，语音基础不好就无法将音、义快速联系起来，这也给听力学习造成了很大的困难。而英语听力的薄弱不仅会导致听力学习效果不佳，教师如果用英语授课，学生也难以跟得上，最后连听课都困难，就只能放弃英语学习。

（三）教师语音不标准

作为语言的基本功，语音看起来简单，但实际上要想做到发音准确是十分不易的。部分英语教师自身也存在发音不准确的问题。还有一些英语教师不分英式发音和美式发音。这在中国人看来似乎没什么，但在英语本族人听来就十分怪异了。要想解决这些问题，教师必须自觉地提高英语水平，进行一定的专门发音训练。此外，也可以使用录音机等教学工具，一方面保证语音的准确性；另一方面也保证每位学生都能听得清楚，从而起到正音、正调，提高学习兴趣的目的。

（四）对语音教学的长期性认识不够

英语教学是从语音教学开始的，但这并不意味着语音教学只存在于英语教学的初期。事实上，语音教学应该贯穿于整个英语教学之中。这点常为一部分教师所忽视，导致学生的语音越来越差。高年级学生反而不如，年级学生敢于开口讲话。这些问题的产生都和教师对语音教学的长期性认识不够有很大的关系。因为语音是一种技巧性能力，"久熟不如常练"，语音的学习自然就需要经常练习。不仅要指导学生练习，教师自己也要不断地进行纠音和正调。当然，入门阶段以后的语音教学大多是融入语法、词汇、句型、课文教学和听、说、读、写训练之中的，虽然并不明显，但却体现了英语学习的综合性质和科学规律。

（五）学生的语音练习机会太少

语音练习机会少是英语语音教学中的一个显著问题，也是学生英语语音学习效果不佳的一个重要原因。要想解决这一问题，首先，要坚持听音在先，听清、听准、听够，然后再模仿发音或读音。其次，教师可在纠正语音的时候画龙点睛地讲一些语音知识和练习诀窍，如设计单音成组比较练习，音调、词调、句调结合练习，或英汉语音对比练习等。此外，教师还应注意学生普遍存在的语音问题，并有针对性地对学生进行"发声"指导，帮助学生纠正这些语音问题。

二、词汇教学中的问题

我国的英语词汇教学主要存在四个问题：教学方法单一、忽视学生主体地位、缺乏实际生活体验、缺乏系统性。下面我们就对这四个问题分别进行说明和分析。

（一）教学方法单一

词汇是学生在英语学习过程中最感头疼的部分。词汇的记忆和使用往往令学生感到枯燥、乏味。而综观我国的英语词汇教学可以发现，大部分教师依然采用传统的教学方法，即"老师领读—学生跟读—老师讲解重点词汇用法—学生读写记忆"。这种教学方法单调、乏味，学生处于被动的学习地位，这无疑加剧了学生对词汇学习的抵触情绪，词汇教与学的效果都不会太好。

面对上述问题，教师必须重视教学的改革，采用多样、有趣的词汇教学方法来调动学生的积极性，提高学生学习词汇的兴趣。例如，教师可以利用实物、多媒体等教具来呈现和讲解词汇，从而达到抓住学生的注意力，提高他们词汇学习的兴趣的效果。

（二）忽视学生的主体地位

随着英语教学的不断发展，越来越多的人认识到学生在英语学习中的主体地位。然而，这种主体地位在实际的英语教学中仍未得到很好的体现，词汇教学也不例外。词汇教学本应注重对学生智力的开发，重视对学生的观察力、记忆力、想象力、思维能力以及创造能力的培养。而现实状况却是"教师只顾教，忽视学生学"。教师大多采用填鸭式教学，将词汇的发音、意思、搭配等知识灌输给学生，要求学生死记硬背下来，而忽视了对学生主观能动性的激发。实际上，学生的词汇学习到达一定阶段后大多已经具备了一定的英语词汇基础，且有能力对相关的词汇规律进行归纳和总结。因此，教师不应继续"独揽霸权"，而应发挥引导作用，使学生逐渐能够独立思考和总结、发现词汇规律、掌握词汇学习的方法，这样的词汇学习才能更加长久、有效。

（三）与实际生活联系不够

词汇教学方法的单一导致词汇的呈现、讲解大多局限在黑板和教师的口头讲述上，这也意味着其与实际生活的联系也十分微弱，而不能使词汇学习与学生的实际生活联系起来就难以引起学生的词汇学习兴趣，也无法因材施教。

为解决这一问题，教师就要将词汇教学和实际生活多加联系。例如，教师可将所授词汇放在一个真实的语境中来呈现或讲解，也可以适度扩展一些学生感兴趣的词汇，还可以补充一些和所教词汇相关的课外内容，并做适当的引申。学生只有认识到所学词汇的实用性，才会产生强烈的学习动机，词汇学习的效果才会更好。

（四）缺乏系统性

英语词汇的教与学都可以按照一定的系统来开展。把握好这种系统性有助于加强词汇之间的联系，从而提高词汇教学的效率和效果。然而，目前我国大多数的英语词汇教学都严重缺乏这样的系统性。肖礼全曾指出："从小学到中学再到大学，所有的英语课本所包含的课文，其内容的主题都没有一个系统可循，几乎每一册课本都可能包含十个甚至更多的主题，如生活常识、人物事件、生态环境、旅游观光、社会道德、天文地理、历史经济等。"由于这些课文没有共同的主题，其所包含的词汇也就缺乏共同的纽带和轴心，学生能够依附的知识体系繁杂，因而也就无法形成一个可以展开或聚合的体系。这就容易导致学生在应用、记忆、复述、联想这些词汇时陷入一种无章可循的散乱状态，最终导致学生的英语词汇学习效果不佳。

要解决这一问题，教师就应将词汇教学纳入知识系统学习的轨道，用专门的知识系统来引领和组织英语词汇学习。例如，定期按照一定的标准（如相同主题、反义关系、相同语境等）对所学词汇进行归纳总结，这样学生才能更加有效地理解和使用词汇，词汇教学才会取得更大成效。

三、语法教学中的问题

语法是构筑一切语言的奠基石，是语言教学和考试中必不可少的部分。语法教学效果的好坏直接关系到学生对语言的理解和应用能力的高低。从我国英语语法教学现状来看，其中存在五个问题：教学环境差、教学方式单一、教学时间不足、语法地位降低、教学缺乏系统性。下面我们就对这五个问题分别进行说明和分析。

（一）教学环境差

语言环境对语法教学的影响很大。若语言环境有利，则便于学生在真实的语境中理解和使用语法。若语言环境不利，就会对语法教学造成很大的阻力。在我国，英语教学是在汉语的环境下进行的，而英汉两种语言又分属于不同的语系，这就使英语语法教学处于一个不利的语言大环境之中。另外，国内大部分英语语法课堂教学中，教师大多采用汉语授课，更加大了语言环境的不利影响。学生在缺乏语境的情况下，对语法的理解和掌握不够深刻，只能机械地记忆教师教授的语法条目，却无法真正掌握其使用方法，以致错误频出。要想解决这一问题，教师应尽量用英语授课，并注意结合真实的语境来教授语法，便于学生的理解、记忆和使用。

（二）教学方式单一

"先讲语法规则，后做练习"是我国英语语法教学中最常使用甚至是唯一的教学方法。然而，这种教学方法使学生处于被动接受地位，无法调动学生学习的积极性。这种教学方法往往会令学生感觉好像听懂了、会用了，可是要使用的时候又感觉很陌生，总是遇到这样那样的问题。尤其是当几个语法现象共同出现的时候，学生往往就会不知所措。因此，面对复杂而繁多的语法条目，教师务必要注意教学手段的多样性，以激发学生的学习兴趣，深化学生对语法条目的理解，实现语法教学效果的最大化。

（三）教学时间不足

在缺乏英语大环境的基础上，我国英语语法教学要想取得成绩，主要靠课堂教学效果。然而，英语课堂教学除了涉及语法教学以外，还涉及语音、词汇、听力、口语、阅读、写作、翻译方面的教学，这样一来，用于语法教学的时间就少之又少了。教学时间的不足也是制约英语语法教学效果的一个重要因素。

要想解决这一问题，我们不能硬从其他语言知识和技能的教学中挤时间，而应将语法教学与听、说、读、写、译的教学融合在一起，这样就大大增加了语法教学的时间和效果，同时也不影响语言技能的教学，可谓一举两得。

（四）语法地位降低

近几十年间，英语语法教学经历了从"天上"到"地下"的巨大变化。早些年，语法教学是整个英语教学的重点，甚至还有教师将二者等同起来。一时间，语法教学的地位"无人能及"。然而随着由此观点指导下的英语教学弊端逐渐暴露，大量淡化英语语法教学的现象也逐渐显露。导致这种现象产生的原因有两方面：①有人认为，学生小学就开始学语法，到大学阶段语法学习已基本完毕，无须重复；②还有人认为，试卷中考查语法的题目较少，分值比重也很少，不值得花费太多的精力去学习。事实上，这两种观点均失之偏颇。下面我们就对这两种观点分别进行评述。

第一种观点将语法学习的时间长短和学习内容的多少、学习效果的好坏等同起来，这是不正确的。学习时间长并不代表学到的就又多又好。即使学生掌握了初、高中全部的语法内容，也并不意味着他们能够理解所学语法项目的全部用法。因为中学阶段的很多语法项目有时并不适用于大学阶段遇到的一些语法现象。例如，中学时期学习的条件状语从句的使用要求是"从句用一般现在时，主句用一般将来时"。但是当学生日后遇到类似下面的句子时，就会难以理解。

If it should fail to come, ask Marshall to work in his place.

本例中，不管主语的人称和数如何，从句动词一律采用"should+不定式"的形式，而主句动词则可根据语义意图采用不同的形式。其中，should 表示一种不太肯定的婉转口气，并不影响条件的真实性。条件状语从句的这种用法在初、高中时期并不多见，学生仅靠对条件状语从句的一般认识是无法彻底理解本句含义的。

由此可知，尽管很多语法项目看似学过，但却往往包含了多种用法和意义。这些用法和意义显然无法在英语学习的初级阶段就全部学到。如果学生不能深入、持久地学习和更新语法知识，就很难理解那些看似熟悉的语言现象。

第二种观点本身就是目光短浅、只见表面不见本质的。尽管英语考试中直接地考查语法的题目所占分值不高，但作为语言构成的基础，语法无论是对英语学习还是对英语考试而言都具有极为重大的意义。这是因为，任何句子的分析和理解都离不开语法。无论是听力、口语、阅读、写作还是翻译，没有扎实的语法基础，学生就可能听不懂、说不对、看不明白、写不出来、翻译错误甚至翻译不出来。可以说，英语测试就是建立在语法基础上的，对学生语法的考查其实贯穿了英语考试的始末。

（五）缺乏系统性

语法教学系统性的缺乏体现为，学生虽然对个别语法条目非常熟悉，但却对与之相关的语法条目及其之间的差别与联系没有一个鲜明而完整的印象。例如，有一定英语基础的学生都能说出一些语法名词，如现在分词、过去分词、一般现在时、一般将来时、虚拟语气、独立主格等，但是如果让学生回答英语语法中有多少词类、几种时态、几种语态等问题，他们往往回答不上来。这种系统性的缺乏对学生全面、深刻地理解和使用语法知识而言是极为不利的。要想解决这一问题，教师应在语法教学过程中，对学过的语法项目多加总结，以帮助学生形成一个完整的语法体系概念。

第三节　英语听、说教学中的问题

一、听力教学中的问题

我国英语听力教学中存在的问题主要有学生畏惧听力、听力基础薄弱、教学模式单一、缺乏适度引导、教材现状不佳等。下面我们就对这几个问题分别进行说明和分析。

（一）学生的问题

1. 畏惧听力

听力是一种综合的语言能力。听力技能的培养涉及理解、概括、逻辑思维、语言交际等能力的培养。但在实际英语听力教学中，很多学生因为跟不上语音材料的语速，且思维缓慢，而不能使听到的语音转化成实际的意义，因而听力效果不佳。也正因如此，学生对听力学习总是心存畏惧。

2. 听力基础薄弱

学生听力基础的薄弱体现在多个方面。

（1）英语基础功底差。很多学生即使到了大学阶段，所掌握的词汇量、语法仍然十分有限，对语音的识别能力还很欠缺。这些都直接成了听力的重大障碍。

（2）缺乏英美文化知识。听力材料中不可避免地会包含一定的文化信息，而学生对英语国家的历史文化、自然地理、风土人情、思维方式、行为习惯等不了解，就势必会影响听的效果，甚至会产生错误的理解。

（3）不良的听力习惯。我国的英语教学具有很强的应试性，这种环境不利于学生养成良好的听力习惯。另外，学生在课外也很少练习听力，因而导致他们的听力能力欠佳。

以上这些听力基础的欠缺积累在一起也会导致学生产生怕听的情绪。

（二）教师的问题

1. 机械的教学模式

当前我国英语听力教学多采用"听录音—对答案—教师讲解"的教学模式。这种模式下的听力教学不仅缺乏对学生的有效监督，而且忽视了学生对于语篇的整体理解，只是毫无目标地、机械地播放录音，一遍不行就放第二遍、第三遍，教师盲目地教，学生盲目地听，丝毫无法产生听的兴趣，教学效果自然不佳。

2. 缺乏适度引导

在应试教学的影响下，英语听力教学也多是围绕考试这个指挥棒而转的。教师大多将教学重点放在如何应付考试上，以考试的方式训练学生的听力能力，而不对学生做任何引导就直接播放录音。这就很容易使对生词、相关的知识背景等尚不熟悉的学生在听的过程中遇到种种障碍，不仅降低了听的质量，而且使学生产生挫败感，因而对听力学习失去信心和兴趣。

与之相反的是，有的教师总是在播放录音之前对学生进行过多的引导，不仅介绍了生词、句型，还将材料的因果关系等一并介绍给了学生。这样一来，学生即使不用仔细听，也可以选出正确答案，这就很难激起学生听的兴趣，听力教学也就失去了意义。

由此可见，如何对学生进行适度的引导是关系听力教学质量的一个重要问题，太多或太少都会影响教学效果，教师应根据实际情况进行把握。

（三）教学条件的问题

1. 听力时间不足

由于大多数学生很少在课下积极主动地练习听力，因此，听力学习的时间主要集中在课堂上。而一节课时间有限，而且也不可能全部用于听力，因此，学生能够听的时间其实很少。而听作为一种综合性技能，它的提高并非一朝一夕能够实现的，这就造成学生听力水平提高缓慢。

2. 教材现状不佳

教材是教学得以开展的重要依据，对教学大纲以及练习的设计和安排有着直接的影响，对教学活动的开展起着关键的作用。好的听力教材不仅可以提高学生的文化素质，还可以开阔学生的视野。但我国很多学校使用的听力教材存在内容陈旧、编排不合理等问题，不能反映迅速变化的时代，也无法体现最新的教学思想和教学方法，这也是我国英语听力教学效果迟迟得不到提升的一个重要原因。

二、口语教学中的问题

随着经济、科技、政治等各方面的全球化发展，人们需要用英语进行交际的机会也日益增加。口语教学引起了越来越多的人的重视，而我国学生的英语口语交际水平与实际的需要还相差很远，"哑巴"英语现象普遍存在。造成这一现象的原因在于英语口语教学中存在诸多问题。下面我们从学生、教师、教学条件三个角度来分析英语口语教学中存在的问题。

（一）学生的问题

1. 语音不标准，词汇匮乏

受汉语语言环境的影响，语音基础不好的学生有的发音不准，影响了语义的表达；有的带有地方口音，听起来十分可笑；还有的不能正确使用语调、重音等，直接影响了英语口语语音语调的标准性。另外，由于缺乏练习，学生往往很难将学到的词汇用在口头表达中，而造成无话可说或不知如何去说的尴尬。

2. 心理压力大，缺乏自信

受应试教育的影响，初、高中的英语教学将重点放在了阅读和写作的训练上，而忽视了英语口语的教学。这就使学生即使日后意识到了口语的重要性，也总是心虚、不自信。虽然有些学生的口语能力不像他们想象的那么差，却仍然不愿意开口说英语。即使有一小部分学生愿意做口头交流，也总是带有紧张不安的情绪，担心自己说错、被批评、被耻笑，更不要说那些发音不好的学生了。这些负面的情绪和压力对学生口语能力的提高显然十分不利。

（二）教师的问题

1. 教学方法滞后

我国的英语口语教学是作为英语整体教学的一部分而出现的，而并未被独立出来进行专门教授，因此英语整体教学中存在的问题也直接体现在口语教学上，其中教学方法滞后就是一个重要的问题。口语教学中，教师也习惯性地采用传统的"讲解—练习—运用"的教学模式。这看似体现了教学的规律，实际上却制约了学生说的积极性。在此教学模式下，学生只能被动地接受教师所讲授的词汇和语法知识，在没有语境的情况下做大量机械的替换、造句等练习，这样根本无法有效地锻炼口头表达能力。

2. 汉语授课

提高英语口语能力的一个重要方法就是多听、多说。然而，很多英语教师考虑到学生的英语水平参差不齐，为了使所有学生都跟得上教学进度，而不得不放弃英语授课，这无疑恶化了英语使用的环境，减少了学生用英语进行交际的机会。另外，为了追赶教学进度，应付大学英语四、六级考试，教师也多用汉语讲授知识点。

（三）教学条件的问题

1. 课时不足

口语教学的一个显著而直接的问题就是教学时间得不到保证。口语能力的提高需要花费大量的时间，进行大量的实践，而我国的口语教学被纳入英语整体教学之中，教学多重形式、轻运用，因此口语教学未能得到时间上的保证。

以高校使用的英语教材《新编实用英语综合教程》为例，该教材主要包括五项内容：听、说、读、写、译。每个班级若按45人计算，加上学生参差不齐的英语水平，那么即使分配给口语课2个小时，也显然不足以有太大的"作为"。可以说，教学时间的不足是英语口语教学的硬伤，直接导致了学生的口语能力低下。

2. 缺乏配套教材

调查显示，我国众高校非英语专业的英语教材大多按精读、泛读、快速阅读、听力等单项技能分册发行，而专门的口语教材却十分少见。大多数教材都将口语训练当作听力训练的延展而附在听力训练之后，其内容也多简短、缺乏系统性。这是很难达到英语口语教学在整个英语教学比重标准的，同时也会使学生误以为口语不那么重要，因而从思想上轻视口语学习。而市场上为数不多的口语教材也多难以担当重任。因为这些教材要么是专门针对某一专业、领域的口语教材，难度极大；要么是有关简单的问候、介绍、谈论天气日常用语的教材，过于简单，无法满足社会各领域对相应口语能力的要求。由此可见，配套教材的欠缺是制约口语教学效果的一个重要因素。

3. 口语评估制度欠缺

评估可以检验教学的质量，是教学中不可或缺的重要环节。我国最常使用、影响最大的评估方式就是考试。例如，小学、初中、高中都有相应的期中、期末考试，大学有英语四、六级考试。然而，这些考试多是对学生听力、阅读、写作、翻译技能的检测，而无法考查学生口语学习的质量。而专门用于检验口语水平的测试少之又少。造成这一现状的原因在于，口语考试的实施与操作都有一定的难度，如口语测试材料难易程度的把握，考试形式的信度与效度等问题等。对此，大学英语四、六级考试委员会在全国部分省市实施了大学英语口语考试，并规定了统一的等级评审标准。显然要想切实提高教师和学生对口语的重视程度，提高口语教和学的质量，仅仅增加大学四、六级口试是远远不够的，但大学四、六级口试制度的出台对于完善英语口语评估制度无疑提供了良好的示范作用。在此指引下，我国将来势必会推出更多、更科学的口语评估方式。

第四节　英语读、写、译教学中的问题

一、阅读教学中的问题

阅读教学看似简单，实际上也存在很多问题，主要包括：教学观念错误、教学方法滞后、教材设计不科学、课程设置不合理。下面我们就对这几个问题分别加以说明。

（一）教学观念错误

培养学生快速从语篇当中正确获取所需信息的能力是阅读教学的目的，而在实际的英语阅读教学中，这一目的已被很多教师曲解了。他们经常将阅读教学混同于词汇教学、语法教学。阅读教学中，教师常常过分重视语言知识的传授，抓住一个单词、语法点大讲特讲，阅读教学呈现出"讲解生词—逐句逐段分析—对答案"的错误形式，而忽视了学生对语篇的理解、从语篇中获取信息能力的培养。造成这一问题的根本原因就在于对阅读教学的观念错误，对阅读教学的目标认识不清，因而导致了阅读教学成为语法、词汇教学，学生阅读速度慢、质量差的情况并未得到改善。对此，英语阅读教学必须更正教学观念，将阅读作为一种实用的语言技能进行教授，不仅要传授学生语言知识，更重要的是传授他们语篇和文化知识，同时还要注意提高学生的思考能力、分析能力、判断能力，拓展学生的视野，激发学生对英语阅读、英语语言以及英语文化的兴趣，提高他们英语的综合运用能力和人文素养。

（二）教学方法落后

英语整体教学方法的单一、滞后在阅读教学中也有所体现：教师大多让学生自己阅读完后做题目，然后领着学生对答案，再对错题进行讲解。这种教学方法的应试性比较高，因而显得十分死板，学生的阅读习惯、阅读技巧等均得不到培养，主体地位得不到突出，主观能动性未得到很好的发挥，阅读的实际需求也得不到满足，学习兴趣更得不到培养，最终致使阅读教学收效甚微。尤其是在一些教学条件落后的偏远地区，英语教师对阅读教学的重视不够、研究不足、实践不多，以致难以形成科学、高效的教学方法，大大影响了阅读教学的质量。

（三）教材设计不科学

不同阶段的英语阅读教学会使用不同的教材，这些教材本身大多已经十分成熟，但不同阶段的教材之间却缺乏必要的连贯性，这也是英语阅读教材存在的最主要的问题。具体来说，小学阅读教材注重词汇，中学阅读教材注重语法，大学阅读教材则注重阅读技能的训练。虽然这三个时期的教材各有侧重和针对，符合学生认知和阅读学习的规律，但由于每个阶段结尾与下一阶段的开始缺少必要的承接和过渡，学生一下子很难跟上进度，从而造成阅读教与学的脱节。

（四）课程设置不合理

阅读课程设置不合理也是影响阅读教学质量的一个重要问题。很多学校、教师错误地认为阅读教学是英语教学的附属品，导致阅读课程教学目标、教学计划不明确，阅读教学的课时、课程设计、师资力量以及教学组织都得不到保证，直接影响了阅读教学的效果。

二、写作教学中的问题

写作教学一直以来都是英语教学的重点，因而相较于其他英语技能而言，发展得更为充分。但其中也存在不少的问题，如：教学缺乏系统性、形式重于过程和内容、教与学相互颠倒、重模仿轻创作、课程设置不合理、缺乏相关教材、批改方法不恰当。下面我们就对这些问题分别进行说明。

（一）系统性不足

写作教学的系统性不足主要表现在三个方面：教学目标不系统、教学方法不系统以及写作指导思想不系统。

1. 教学目标

任何一种技能的学习都不是一蹴而就的，其教学也不可能取得立竿见影的效果。因此，英语写作技能的培养也需要一个循序渐进的系统过程。这种循序渐进首先就要体现在教学目标的系统性上，这是实现英语写作目标的基本保证。

英语写作目标缺乏系统性是因为总体目标（即针对学生的生理、心理特征，结合写作教学的自身规律，并在英语课程要求中明确规定的总体任务）与阶段性目标（即根据总体目标制定的一系列的阶段性目标）之间互不协调，总目标与子目标之间连贯和衔接的科学性严重缺失。造成这一现状可能是显性目标与隐性目标系统不平衡导致的，也可能是教师对写作的目标体系与学生实际写作之间关系的模糊认识所造成的。无论是什么原因，这种写作总体目标与阶段目标的不协调显然会影响目标的实现。因此，学校、教师都必须克服这些不利因素，把握好英语写作教学的总体目标和阶段性目标。

英语写作教学目标之所以难以实现，一个主要的原因就是教师对英语写作教学目标与学生实际之间关系的认识不清。事实上，目标是教师和学生对学习结果的期待，是一个未实现的状态，因此教学目标与学生的实际之间必然存在一定的差距，适当的差距对学生写作能力的提高而言是有利的，而过大或过小的差距则不利于学生写作能力的提高。基于这一点，英语写作教学可被视为帮助学生向目标逼近的过程。英语教师和学生可以借助目标与实际之间的距离，设定一些教学或学习步骤，并熟悉实现每一环节目标的条件、困难和可能性。否则，一旦教师对写作教学的目标与学生实际之间的关系和意义认识不清，就会导致行动和反应上的迟缓，直接影响写作教与学的质量。

2. 教学方法

英语写作教学系统性不足还体现在教学方法上。所谓方法，就是一种对活动程序或准则的规定性，是一种能够指导人们按照一定的程式、规则展开行动的活动模式。系统性是英语写作教学方法的内在规定，是有效运用教学方法的重要基础。离开了系统，教学方法也就失去了意义和价值。这是因为，教学方法实际上是整个教学系统的一个子系统。它与教学目的、教学内容以及师生间的互动均联系密切：没有明确的教学目的，写作教学就会迷失方向；而脱离了教学内容，教学方法也就毫无意义；缺少了师生之间的互动性和双边性，教学方法也就没有了价值。因此，不同的教学目的、内容、师生关系应该对应不同的写作教学方法和运作。不同的内外条件，写作教学方法的系统运作会呈现不同的水平和层次。因此，英语写作教学方法的运作必须根据教学系统中的各项组成部分来实施，否则就会造成种种矛盾和冲突，影响写作教学的效率。而对照我国英语写作教学中所使用的教学方法可以看出，这些方法大多是无效的、失败的，因为它们大多不系统、不连贯，缺乏针对性。

3. 写作指导

写作指导思想是否系统对写作教学质量的影响极大。写作技能和写作能力的生成虽然需要通过大量的练习来获得，但多练不等于泛练。如果写作练习缺乏目的性，即使花费很多时间也是无用的。另外，从遣词造句到段落和篇章的生成，从撰写记叙文到写议论文，从构思、行文到修改，整个写作是一个由浅入深的系统操作过程。因此，教师对学生的指导也应具有系统性。然而，我国的英语写作教学大多缺乏这样一种系统性。教师教的时候以及学生写的时候都没有一个明确的目标，更没有一个长远的规划，而是跟着教材随机地教授写作方面的知识和技能，这就大大降低了写作教学的效果。

（二）重形式、轻过程和内容

长期以来，我国英语写作教学一直存在重形式、轻过程和内容的问题，导致这一问题产生的原因如下。

1. 欠缺英语思维

英语写作教学中，教师往往强调学生要用英语思维来写作，避免使用中式英语。然而要做到这一点很难。毕竟对中国学生来说，英语是一种外语，汉语才是母语。学生的汉语思维模式已经根深蒂固，要想使英语思维成为习惯是极为不易的。

另外，很多人认为，英语写作中侧重语言形式的作用是必然的。所以，在英语写作教学中，重视文句的规范性与文章结构，忽视文章的内容和思想的现象仍然大量存在。部分教师也将文章结构和语言形式看作写作教学的主要内容。而初学写作的学生更是将学会把握文章结构和形式视为写作学习的终极目标。这些最终都使写作的教与学流于形式，很难触及写作的核心。

2. 受历史传统影响

在早期的英语写作中，为了快速写出一篇符合要求的英语文章，人们常常模仿类似文章的语言形式和文章结构来写作。久而久之，教师和学生都将形式作为英语写作教学的重点，而忽视了写作的过程和内容，写作变成了一种模仿，而非创造。

事实上，内容和过程对于写作来说也是很重要的。一篇好的文章应该具有丰富、深刻的内容，而这些内容仅仅靠对形式的模仿是无法实现的。语言的形式和文章的结构仅是作者表达思想和情感的一种手段。学生能否把握文章的结构和格式固然重要，但如果过分强调它们的作用显然并非好事。因为文章的思想和观点是写作和写作教学的根源，而文章结构和语言形式则是写作和写作教学的支流，根源上得不到保证，支流显然就失去了存在的基础。因此，英语写作教学必须处理好源与流、本与末、主与次的关系，在注重写作形式教学的同时还要重视写作内容的教学以及学生写作能力的培养。

（三）教与学相互颠倒

写作教学也并非一种知识性课程，学生的写作技能无法靠教师的讲解来获得。原因如下。

（1）写作是一种实践性活动，涉及写作的技巧和能力。因此，写作教学应该以学生的实践和操练为主，以教师的知识传授为辅。

（2）写作教学的目的在于提高学生的写作能力，因此写作应该是一种学生个体的活动，从构思、写作到文章修改，都应该使学生参与其中，教师过多的讲解只会耽误学生的写作时间，进而影响学生写作的积极性和主动性。

然而，我国英语写作教学一直存在教与学相互颠倒的现象，主要体现在以下两个方面。

（1）写作教学中仍存在教师大量讲解理论知识的问题，使学生，尤其是初学写作的学生，很容易觉得写作枯燥、无用，产生厌倦、畏难等情绪，因而丧失写作的兴趣，最终影响英语写作教学目标的实现。

（2）教师常以自己的写作经验为基础来指导学生写作，常对学生使用一些不恰当的话语指令或规则指导学生，剥夺了学生的话语权，限制了学生的独立思考，简化了学生写作过程的心理体验，遏制了学生写作中的创造性，使他们产生盲从的心理。这显然颠倒了写作教学中的师生地位，而且也很容易使学生在写作过程中在构思、行文和情感体验上出现雷同现象，写作创造能力得不到真正的提高。

（四）重模仿、轻创作

重模仿、轻创作是我国英语写作教学的一大弊病。尽管模仿是写作教学的起始状态，也是学习写作的必经阶段，更对我国学生（尤其是初学英语写作的学生）学习写作起到了促进作用，但模仿并非写作的最终状态。它虽然能够提高学生写作学习的效率，但过度的模仿并不利于学生写作能力的持续发展。因为写作不仅是一种个体的心智行为，更是一种创造的过程。从构思、行文到修改，写作过程始终体现着作者的个性特点与独立思考能力。写作过程中的意义和价值都是由学生创造的，一味地模仿必然会抑制学生的写作积极性与主动性，进而影响学生写作动机和兴趣。

（五）课程设置不合理

除英语专业以外，我国部分的英语写作教学是被纳入英语整体教学之中的，而并未被独立出来进行专门教授。这就很容易因为课时有限而无法花费太多的时间来组织学生写作。久而久之，学生也会误以为写作学习不是重要的。如此一来，不仅写作教学本身得不到时间上的保障，学生也会产生轻视写作的思想。

（六）缺乏相关的教材

目前我国的英语教材大多是集语音、词汇、语法、听、说、读、写、译于一体的综合性教材，关于"写"的专门教材相对较少。即使在英语整体教学中，虽然几乎每个单元都会涉及写作的练习，但却并未形成一个科学的系统，同时也缺乏一定的指导，学生的写作练习也多处于被动地位，这对写作学习而言是极为不利的。

（七）批改方法缺乏有效性

作文批改的方式方法也是写作教学中存在的一个显著问题。很多教师在批改作文时，重点仍然放在纠正拼写、词汇以及语法等方面上，而忽略了学生在写作过程中思维能力的培养，这会使学生过分追求写作时的语言正误，而忽视了对文章结构、逻辑层次的把握。

另外，教师对学生作文的批语也同样重要。有的教师一味指责学生写作中的错误，而缺少鼓励，这会制约学生写作的主动性，导致他们消极应付、望而生畏，对自己写作中出现的错误不能很好地改正。

（八）教学改革滞后

随着英语教学改革的不断深入，英语教师对写作教学也有了一定的新认识。尽管如此，英语写作教学方面的改革仍然相对滞后。学生英语思维能力的多方位、多角度、发散性、创造性、广阔性和深刻性仍然没有得到足够的重视和训练。除此以外，作为英语教学的一部分，写作应和阅读、口语、听力、翻译等方面的教学有机地联系起来，而在实际的英语教学过程中，教师并未真正把写作教学与其他方面的教学融合在一起，而是孤立地教授写作，不利于学生对英语学习的全面认识，也不利于学生对写作学习的深入了解。

三、翻译教学中的问题

除听、说、读、写以外，翻译也是英语教学必不可少的一个重要组成部分。但在英语翻译教学中存在着很多的问题，既有教师方面的问题，又有学生方面的问题。教师方面的问题主要包括：教学形式单一，对翻译教学重视程度不够；学生方面的问题主要包括：翻译时"的的不休"，语序处理不当，不善增减词，不善处理长句。下面我们就对这些问题分别进行说明。

（一）教师的问题

1. 教学方法落后

教学方法是英语翻译教学的一个软肋。实际的英语翻译教学中，教师常采用"布置翻译任务—批改作业—讲评练习"的方法开展教学。由此步骤可以看出，后面两个步骤都是由教师完成的，学生真正参与的只有第一个步骤。这就使学生处于翻译学习的被动地位，整个学习过程不是在发挥主观能动性的积极思考和探索，而是被教师牵着鼻子走，这显然会使翻译教学的效果事倍功半。

2. 重视程度不够

对翻译教学的重视程度不够主要体现为以下几个方面。

（1）翻译教学中，教师往往不注重翻译基本理论、翻译技巧的传授，而仅仅是将翻译作为理解和巩固语言知识的手段，将翻译课上成另一种形式的语法、词汇课。

（2）学生做完翻译练习后，教师大多只是对对答案，对翻译材料中出现的课文关键词和句型等进行简单的强调，而缺乏对学生进行系统的翻译训练。

（3）就时间而言，教师花在翻译教学上的时间很少，通常是有时间就讲，没有时间就不讲，或只当家庭作业布置下去，由学生自己学习。

（4）英语教学大纲中对翻译能力培养的要求不具体。

（5）英语考试中虽然包含翻译试题，但其所占的比重远远不如阅读、写作等。

以上这些问题最终致使翻译教学质量迟迟得不到提高。

（二）学生的问题

1. "的的不休"

在实际的翻译操作中，中国学生每每看到英语形容词就自然而然地将其翻译成汉语的形容词形式，即"……的"，导致译文"的的不休"，读起来很别扭。例如：

The decision to attack was not taken lightly.

原译：进攻的决定不是轻易做出的。

改译：进攻的决定经过了深思熟虑。

It serves little purpose to have continued public discussion of this issue.

原译：继续公开讨论这个问题是不会有什么益处的。

改译：继续公开讨论这个问题没有益处。

2. 语序处理不当

英语句子通常开门见山地表达主题，然后再逐渐补充细节或解释说明。有时要表达的逻辑较为复杂，则会借助形态变化或丰富的连接词等手段，根据句子的意思灵活安排语序。相比较之下，汉语的逻辑性较强，语序通常按一定的逻辑顺序（如由原因到结果、由事实到结论等）逐层叙述。这种差异意味着将英语句子翻译成汉语时必须对语序做出适当的调整。而很多学生意识不到这一点，译文也大多存在语序处理不当的问题，读起来十分别扭。例如：

The doctor is not available because he is handling an emergency.

原译：医生现在没空，因为他在处理急诊。

改译：医生在处理急诊，现在没空。

3. 不善增减词

由于语言、文化等方面的差异，翻译时不可能也没必要完全拘泥于英语形式，即逐字逐句地翻译原文。事实上，根据原文含义、翻译目的等方面的不同，译文可根据实际需要而适当增减词。而很多学生并不明白这一点，因而其译文大多烦冗。例如：

Most of the people who appear most often and most gloriously in the history books are great conquerors and generals and soldiers...

原译：在历史书中最常出现和最为显赫的人大多是那些伟大的征服者和将军及军人。

改译：历史书上最常出现、最为显赫者，大多是些伟大的征服者、将军和军人。

4. 不擅处理长句

英语中不乏长而复杂的句子，这些句子大多通过各种连接手段衔接起来，表达了一个完整、连贯、明确、逻辑严密的意思。很多学生在遇到这样的句子时往往把握不好其中的逻辑关系，也不知如何处理句中的前置词、短语、定语从句等，因而译出的汉语句子多不符合汉语表达习惯。例如：

Since hearing her predicament, I've always arranged to meet people where they or I can be reached in case of delay.

原译：听了她的尴尬经历之后，我就总是安排能够联系上的地方与人会见，以防耽搁。

改译：听她说了那次尴尬的经历之后，每每与人约见，我总要安排在彼此能够互相联系得上的地方，以免误约。

第四章 高校英语线上线下教学研究

第一节 线上教学概述

一、线上教学的概念

当前，线上教学一般定义为以班级为单位组织授课和双向互动，以录播课和"录播+线上答疑"的形式，根据课程大纲及教师教学目标，以网络技术为媒介，实现教师、学生、媒体之间的多向互动，并通过多媒体和网络平台对多媒体教学中所涉及的信息进行收集、处理、传输和共享，从而实现教师教学目标的教学模式。相比于传统的课堂教学模式，线上教学形式打破了时间和空间的限制。

二、线上教学的原则

教师在线下授课时，可以与学生面对面交流，随时观察学生的听课状态，并根据学生对课程的理解情况，及时调整讲课的速度和内容，从而保证知识的有效传达。但在线上授课时，由于无法实时获取学生的反馈，教师会感到无所适从。随着对线上教学的不断实践和探索，我们不难发现，线上教学有着固定的生存土壤和适用范围，也有需要遵循的基本原则。

（一）技术简易方便操作原则

面对线上教学，掌握信息技术是首要的，目前，大部分教师对信息技术能力较为欠缺，所以我们应选择自己能够掌握且容易操作的技术开展教学，这一点对于信息技术能力较为薄弱的教师尤为重要。

（二）课堂以生为本原则

无论线下教学，还是线上教学，课堂都要始终坚持以学生为本。学习的主体是学生，教师在课堂上要充分体现学生的主体地位，不断地为学生搭建探讨、交流、互动的平台[4]。教师可以采用问题驱动教学法，让学生围绕问题寻求解决方案，从而发挥学生的学习主动性，提高学生的教学参与度，激发学生的求知欲，活跃其思维。这样能有效避免出现教师滔滔不绝地讲解，而学生不能全身心投入，或根本不听课、思想开小差，甚至做其他事情

---

4 马永峰."互联网+"视阈下高校英语教学模式发展研究[J].湖北开放职业学院学报，2019，32（06）：134-135.

的情况。教师应引导学生在问题的驱动下持续学习。实践证明，线上教学中学生更愿意回答教师提出的问题，更愿意与教师互动，这是线上教学的优势。在课堂上，教师要为学生提供"指南针"，让他们寻找自己的"北斗星"，成为唯一的自己。

（三）追求课堂高效率原则

不管线下教学，还是线上教学，教师应始终把提升教学效率作为开展教学工作的重要目的。所以在线上教学过程中，教师要合理分配时间，必须将讲课时间控制在 20 分钟左右，内容尽量精练，提高趣味性，最好做到一节课讲解一个知识点，避免一节课从头讲到尾，完全忽视学生的存在。教师可设计具有挑战性的任务来调动学生的积极性，引领学生从知识与训练的浅层学习转向思维建构的深度学习。教师应在每节课预留一定的练习时间，防止学生长时间观看屏幕产生疲惫感，以致注意力分散。

（四）授课方式多样化原则

线上教育与线下教育存在诸多不同，不仅学生面临全新的学习环境，教师也要及时适应这种新的教学方式。面对线上教学这种全新的教学模式时，教师要灵活教学，一切以课堂的实际状况为主，同时也要大胆创新，探索适合线上教学的新方法、新思路。例如，教师可以采用视频、直播间、PPT+语音、视频+语音等方式，只有这样才能激发学生的学习兴趣，更好地吸引学生的注意力，从而促进线上教学的长远发展。

三、线上教学的优缺点

（一）优点

1. 线上教学资源丰富、形式多样

就 MOOC 学习平台来讲，国内有学堂在线、中国大学 MOOC、好大学在线、超星尔雅、智慧树等知名 MOOC 平台，提供的线上学习资源丰富多彩、各有特色。以中国大学 MOOC 平台为例，有 141856 门优质课程资源，815 门国家级在线精品开放课。就每门课程来讲，重点突出的微视频可以吸引学生眼球，提高听课效率；少量高效的精准测验可以检验学生是否掌握了知识点；另外，学习过程有记录，能够提供基于大数据的学习分析。

2. 以学生为主导，强化了学习的自主性

学生可以根据自己的情况选择合适的学习时间，不受时空的限制。学生根据需要可以回看视频，复习相应的知识点，也可以调节视频的播放进度，适合个性化学习。这种线上教学体现了以学为主，学生是主导，教师是辅助，可以激发学生的学习潜能和学习兴趣，由被动学习变为主动学习。

（二）缺点

1. 师生间互动的效果不好

尽管 MOOC 平台有讨论区，也可以随时在线上向教师提出问题，但有些学生是为了完成学习任务而敷衍了事地参与，真正问问题的学生不多。而传统的课堂教学，面对面的沟通更容易表达情感，更能反映学生的真实情况。另外，线上教学缺少学生之间的团队合作和交流。

2. 线上学习效果难以把控

对于学习主动性、自觉性不高的学生，作业不认真做，甚至相互抄袭，教师对学生的真实学习状况较难掌握，对线上学习效果较难把控。

第二节 现代线上大学课程教学模式

一、线上教学模式的特点

顾名思义，线上教学指的是基于网络平台的教学，依托的是强大的现代信息软件技术，如：大家熟知的中国慕课、学习通、钉钉等平台，本人所在学校使用的是超星尔雅的"学习通"平台，这种模式的特点在于学生和教师可以不受时空限制地开展教学活动，形式更灵活，而且线上教学资源更加丰富多样，大量的音频视频使得英语教学更容易被学生接受。目前许多高校建立了线上大学英语教学平台。根据目前的线上教学实际情况，这种线上教学模式给大学英语教师的信息化教学水平提出了更高的要求。当然，互联网下的线上大学英语教学并不能取代传统的课堂教学，如何高效地利用线上教学平台为课堂教学服务值得每位教师去思考。

二、线上课程教学模式的具体方式

（一）提高自主学习能力

1. 学生现状

英语作为一门应用学科，其实很大意义上来讲，真正的学习方式不应该局限于高中以前的应试教学模式，而应该是应用为主理论知识为辅，学生为主，教师为辅的大学英语观念，两种英语学习模式出现了较大落差。因此就出现了，教师期待值和学生期待值之间，以及学生对大学英语的学习目标设定与自身行为习惯之间的差距。某种意义来说，很多大学生学习英语有共同的内在心理和在外行动误区。而这一误区的核心就在于主动。大学英语的学习模式应该是以学生为主体的主动学习，而非教师授课为主的被动接受。

2. 自主学习的可行性

然而，从被动到主动的过程并非想象中那么容易。人的选择与行动并非随意而无规律的，它一方面是客观必然约束下的结果；另一方面也是社会规范制约下的产物。同时还会受到每个人内在的、成长环境及自身条件的规制。而这些因素又会与个体差异以及环境产生更多的不同。这些复杂而并不相同的约束，却共同制约了学生自主学习的条件，而现在大学课程教学模式的许多环节设置包括听说读写译这些每一个线下课堂必备的环节结束之后，都会要求学生提交一一对应的课后反馈。每一个学生都是一个完全自主的个体，而不像课堂上一样可以滥竽充数，听着大众的发言来做自己的回答，甚至缺乏主动的环节，而单纯地听教师的授课，它们受到客观条件的束缚甚至社会规范的制约，而如果没有了这些约束的同时，学生面对电脑的时候，没有了课堂上面对教师的紧张感和站起来当众发言一旦出错容易引起哄堂大笑的拘束感，也没有了个体情绪管控等自身因素的制约且能够更好地发挥自己真实的学科水平，学生的主动意识大大增强。

3. 自主学习的体现

与此同时，英语作为一门语言学科与其他科目较为不同的一点是它很大程度上需要靠练习进行提高，而线下课堂，多人同时上课的外在条件注定了学生个体的练习没办法较为理想的进行，而在线课堂则为学生提供了这样的空间，同时也由于现代网络通信工具的大大发展使得 QQ 群、微信群之类的通信工具广受欢迎，但同时也使得学生上课玩手机的频率大大提高，而教师对于这一现象与其阻止，不如加以引导使其变为学习的助力，比方说，同学们可以在这些群里进行全英语交流，而在英语交流的过程中就达到了学习的目的，甚至还可以进行一些学习资源的交流，这样，线下课堂的毒瘤手机就成了线上课堂的学习神器[5]。

4. 自主学习的拓展

当然，以上仅仅是较为片面的一些猜想，活动教学理论以马克思主义实践观为指导，该观念主张探索发现和解决难题，同时以此方式来掌握人类长期积累的关于自然和社会的系统知识，并在经验和交流活动中实现对已有知识的突破和创新，达到情感行为的升华和提高。然而该观念也认为，主观与客观的联系，并不是静止的，而是在其相互作用中实现的。

（二）打破班级授课制的局限

当我们提到线上课程教学模式的优越性，必须将它与传统的班级授课制度进行对比，而在对比的同时，我们就能发现传统的班级授课制度是具有一定的局限性的，而它的局限性则体现在如下几个方面。

1. 时空的限制

首先传统的班级授课制度具有时空的限制，其教学过程主要在教室完成，以教师的讲课为主，同时配合 PPT、板书、教师提问等教学方式来完成知识的传授，在这一过程当中学生很可能由于环境，课堂人数较多等外在条件，以及学生的心理压力，或当天的身体状况等内在条件，使得学生的学习状况较容易受到影响，而线上教学则打破了时空的局限，使得教学活动不再仅仅局限于课堂，学生在时间以及各种情况的安排上来讲相对更为自由，并且拥有更多的时间和空间进行知识的交流，甚至互相之间的讨论，以及更加深入内容的学习。

2. 信息处理的限制

其次，传统的课堂信息来源及信息处理手段受到局限，同时还存在信息失真，信息传递不畅，以及信息反馈不及时等问题，在传统的班级授课过程中，教学信息大部分都来自

---

[5] 任佳. 数字化环境下高校英语课堂教学模式探析[J]. 淮南职业技术学院学报，2019，19（6）：67-69.

学生课堂的出勤情况，课堂上教师的提问，以及布置的一些课后作业等，信息相对来讲较为杂乱以及碎片化，较难形成整体、有规律的信息流。传统的班级授课制度，很大程度并未太过看重学生作为整个教学进程的最终接收端，在教学过程中的主观体验、对知识的吸收能力及学习过程中出现的大量的情境数据，反而以教师作为学习过程的主体。而教师的判断较为主观，缺乏科学以及深层次的分析，难以真正的反映每名学生的学习水平及能力。与此同时，在授课过程中教师也较为专注，而难以对学生听课的状态进行信息收集，甚至处理分析。在传统的班级授课制度当中，学习信息的反馈主要来自课程结束以后的考试，而考试之后学生与教师之间往往难以及时交流沟通，进行信息的反馈，学生在学习上出现的状况，没有及时得到纠正。

线上大学教学课程模式之所以备受关注，除了形式的新颖，另一个较为重要的原因就是运用互联网和计算机授课过程中，计算机对信息数据的挖掘和分析能力得到充分的利用，而这些技术的运用使得整个学习的过程更加科学，也使得其系统的信息流更加流畅及完整。主要体现在互联网授课时信息的来源渠道较多，信息处理具有实时性，并且在学习结果的分析及评估上计算机也能达到比人为分析更加深入以及全面的地步。

3. 教师的能力及资源局限

在传统的班级授课教学模式中，虽然教师的职业注定了教师终身都是学习者，然而有时由于各种外界因素及内在因素的影响，比如身体状况，课程的紧张，出差及会议等工作事务的安排等。教师个体的学术信息没有办法及时更新及扩充。因此，在某种意义上来讲，教师的能力是存在一定局限的。

而借助互联网的线上教学模式，则可以较好地避免这一系列的问题，除了教师上传的课程视频之外，各个互联网的教学平台同时也拥有非常强大的课外资源区，且这些资源区能够不断地更新。甚至同时能够通过算法，以及大数据统计等方式根据学生自身的兴趣及学习情况，向学生进行课外资源的推送，让学生在知识的广度及深度上达到课堂教学难以达到的水平。

（三）学生成为学习的主体

美国缅因州国家训练实验室提出的学习金字塔（Learning Pyramid）：

听讲——通常听讲是我们最熟悉也是最常用的教学方式，即教师在讲台上讲，学生在听。但学习两周之后，学习效果却是最低的。学习内容的留存率仅为5%；

阅读——阅读的学习效果也很低，学习两周之后，学习内容的留存率仅为10%；

声音/图片——相比之下，声音/图片相对高点，学习两周之后，学习内容的留存率为20%；

示范/演示——学习两周之后，学习内容的留存率上升到30%；

小组讨论——学习两周之后，学习内容的留存率大大地提升到50%；

实际演练/做中学——变被动学习为主动参与式学习，学习效果大大提高，两周之后，学习内容的留存率为75%；

马上应用/教别人——学习两周之后，学习内容的留存率达到90%。

以上分析可以看出，学习两周之后学习内容的留存率不足50%的几种学习方式，均为被动学习方式；然而两周之后学习内容的留存率达到或者超过50%的几种学习方式，都是学习者主动学习或参与式学习。

（四）沉浸式教学

科技的发展将计算机与课堂紧密连接，而网络的出现则使各种各样的线上课程出现在大众的眼中，通过众多的研究以及实际操作，人们对网络英语课程的认识已经达到了较为全面的地步，它不仅仅改变了传统的课堂英语教学模式，也对学生产生了多方面并且较为深刻的影响。比如，作为英语学习当中最重要的一环，也就是应用，线上教学能够为学生提供一种浸入式学习的环境，这是由网络英语教学的以下特点决定的：

1. 网络信息资源的丰富

众所周知，网络最大的特点就是覆盖面广，信息资源丰富，运用网络既能够接轨最新的信息资源，也能够获得一些较为经典的教学材料，而如果将这一特点运用到教学当中，可以为学生创造一个良好的英语学习环境，并且这些信息覆盖面较广，资源较为全面，还可以根据学生的兴趣进行筛选和推送。

2. 交互的便捷性

网络在具有强大的资源覆盖面的同时，也拥有另一项特性，交流的便捷性。在线上课程的设置当中教师可以引入移动新媒体对相关的教学方法进行改革设置，以此来突出对学生交际能力的培养，并且由于网络交流不受距离的限制，学生可以有更多的机会，和一些英语母语者进行在线的交流。比如外国的学生，甚至课堂可以专门设置和聘请一些相对较为有经验的外教，而在此过程中学校聘请外教，所需的成本大大地降低，学生也能够获得较为纯正的英语交流体验，以此来达到沉浸式教学，多方面的提高学生对英语的应用能力，同时学生又能够拥有更多的自主空间，得到一个比较轻松愉快的教学氛围，而与此同时学生的课堂参与度大大提高，不过，这一切需要在线课程的研究团队对不同学生的不同教育方式进行研究，需要注重课程的设置方法、教育理念以及形式，更需要注意的是加强教师与学生，学生与学生，甚至外教，外国学生与学生之间语言相关交流平台的建立，也要注重调动学生的积极性。

第三节　线上线下混合式教学模式

一、混合式教学模式的概念

Blending Learning，译做混合式学习，其内涵是多种学习方式的结合，如使用传统媒体（黑板、粉笔等）的学习方式与使用多媒体的学习方式相结合；自主学习与协作学习相结合等。

随着互联网技术的发展赋予混合式学习新内涵：混合式学习通过将传统学习方式与网

络化学习方式的优势结合起来，在发挥教师引导、启发、监控教学过程主导作用的同时更好地体现学生作为学习主体的主体性、积极性、创造性。混合式学习新内涵在原有内涵上提出新结合，即在传统学习方式与网络化学习方式相结合，学生主体性与教师主导性相结合。

混合式教学是混合式学习理论指导下线下传统课堂教学与线上网络学习相融合的一种教学模式。混合式教学结合了传统教学和线上教学的优势，既保证了传统教学中师生面对面的教学与交流，又能实现学生的网络自主学习及实时在线教学反馈与交流，提高教学效率。美国教育部的一项研究表明，相比单一传统面授教学和单一线上学习，二者相结合的混合教学更有效。

混合式教学在移动互联网时代更具"混合"特性，互联网技术不断发展使传统课堂和线上课堂不断融合，传统课堂正在不断放大和延伸，一些开放式学习云平台应运而生。

随着大量网络课程的推出，以MOOC、SPOC为代表的"线上"教学模式开始受到大量学生的青睐，这给传统面对面的授课模式带来了巨大的挑战。单纯的"线上"教育模式缺乏人与人情感上的交流、教师面对面个性化的指导、教师和学生及学生和学生之间的即时讨论等，不能完全取代传统的教学模式。将商业领域的O2O模式引入教学，做"线上"和"线下"教学模式的整合，成为当前教学改革的方向。

O2O是一种商业运营模式，也是一种思维方式，将这种思维方式运用到教学模式的改革中，能够给学生和教师带来全新的体验。"O2O教学模式"就是一种将线上教学与线下教学相结合的新型教学模式。其中，线上教学通常包括大规模开放在线课程MOOC、小规模私有在线课程SPOC、线上讨论、其他线上活动等形式；线下教学则包括课堂教学、实践教学、线下讨论、其他线下的交流活动等。

在传统的授课过程中由教师进行支配和主导，仅仅凭借教师讲授，学生听的单一授课方式。而O2O课程则通过聘请具有一定教学管理经验的教师建立线上虚拟班级，将授课内容拓展到课外（线上），学生通过网络平台上的微课、在线视频等新媒体，自主学习重点知识，利用课堂时间（线下）组织互动学习小组进行探讨、交流，以便完成知识的消化吸收，从而加强学生的自主学习能力，更好地促进学生协作沟通能力和创新能力的提升。高校构建的O2O课程体系能够打破传统课程的时空局限、翻转传统课堂教学中的"教"与"学"、颠覆师生的主体地位，使O2O课程的开设具有开放性、体验性、前瞻性。O2O课程体系的设计具有完备的要素，围绕课程目标、课程内容、课程要求3个方面对原有的课程体系进行解构，跳出学科体系的藩篱，对知识点进行模块化设计，精心择取、凝练、组织教学内容及其他环节，将各知识点进行重构、衔接，从而构成该课程完整的知识体系，将学习从存储知识的过程向应用知识、创造知识的过程转变。"以学生发展为中心"的课程目标重点是要培养学生的自主学习能力、创新能力及协作沟通能力。对学生自主学习能力的培养，教师可将教学内容中的知识点录制成微视频，学生利用网络多媒体设备或移动通讯终端等进行自主学习，对于学习过程中出现的重点难点问题，学生可以通过暂停、多次回放和反复观看视频等多种功能加以解决，提升学生的自学能力；对学生创新能力的培养，教师在录制微视频时要创设与教学内容相符合的教学情境，让学生在客观情境中获得具体感受，且教师在设计多媒体教学视频中要巧设疑问，使学习活动能够成为发掘问题、剖析问题、解决问题的过程，进而发挥学生的创造性思维，克服传统教学模式"满堂灌"的局限性，激发学生的创新意识；对学生协作沟通能力的培养，教师在制作视频教学内容时，可在知识点讲解后增加测验题，针对学生的学习效果进行检测并及时得到反馈；此外，学生可以组织互动学习小组进行探讨与交流，对测验中存在的问题进行答疑解惑，并在良好的互动过程中分享自己的学习经验和成果，有助于提升学生的协作沟通能力。

O2O教学是以线上为主导，线下为主体的教学模式，O2O教学是线上教学和线下教学的有机融合。线上教学用于自主学习视频、动画等掌握基本的知识点，还用于完成部分练习题，线上教学在整个教学过程中起到了主导作用；线下辅导用于解决难点问题，查漏补缺，升华知识，线下教学在整个教学过程中起到主体作用。只有将线上和线下结合起来，才是O2O的精华所在：一方面可以弥补线上教学在与学生沟通、交流等方面的不足；另一方面也可以弥补线下教学需要消耗大方面人力、物力、财力且受时间和空间限制等方面的缺点。

O2O教学的关键点在于培养学生的学习主动性，O2O教学的一个重要环节是线上教学：要求学生通过线上自主学习视频、动画等方式掌握基本的知识点或者完成部分练习题。要完成这个环节，一个重要点在于学生的学习主动性。只有学生能够较好地管住自己，才能自主完成线上学习（当然也跟线上教学视频的质量、趣味性等方面有关）。培养学生的学习主动性，在线上和线下两个环节中都应该注意。首先，在线上环节中，需要增强教学视频的质量、趣味性、引起学生的好奇心；其次，在线下环节中，也需要通过鼓励、引导等一系列措施，引起学生的好奇心和学习主动性。

二、混合式教学模式的特点

当代大学生具有一定的自学能力，追求自主和个性，单纯依赖传统课堂的教学会因为教学方式陈旧、信息获取慢等，无法引起学生的兴趣；另外，由于信息社会带来的各种诱惑比较多，学生的自控力较弱，单纯依靠MOOC等网络教学很容易将原来的"满堂灌"演变成"机灌"。

O2O教学模式一方面能够满足学生主体的需求，具有线上教学的灵活、自主以及重现属性，另一方面能够实现教师教书育人的双重目标，具有线下教学的生动、个性以及互动属性[6]。从计算机专业教学的角度来看，O2O教学模式具有以下几个显著特点：

（一）师生间的多向交流性

O2O教学模式中师生之间的交流方式是多样的，可以在线上，也可以在线下，同时还可以从线下到线上，再从线上到线下等。该教学模式通常借助分组讨论、实验、竞赛等活动，在学生与学生之间、教师和学生之间形成1对1、1对多或多对多的交流机制。在这种交流过程中，教师的角色也会发生微妙的转变，再也不是知识的单向传播者，而是与学生平等的、合作学习的参与者，同时是互动教学的设计者和组织者；学生也会从这种学习交流过程中找到自主式学习和合作式学习的乐趣，从而提高学习的主动性。并且不限制学生人

---

6 孙雅君. "互联网+"时代高校英语课堂教学的思考[J]. 吉林农业科技学院学报，2017，26（2）：97-98，121.

数，且人数越多越能发挥其互动、互评功能，而传统课堂可容纳的学生是有限的，同时也避免了教师的重复劳动。并且还实现了师生角色的重新定位，从而使课程教学的主体得到明确。首先，教师不仅能够通过慕课形式对基础课进行讲解，并且可以在线下为学生答疑解惑，对学生进行指导，促进学生的理解，充分体现教师教书育人的价值。其次，教师在教学过程中，可以通过教学情境对学生进行教学的引导，使学生结合情境进行思考，彻底弄清楚一个知识点或者解决一个关键性的问题。

（二）学习资源的丰富性

在传统的计算机专业课教学过程中，教师通常是一套PPT走天下，课堂上教学内容陈旧，实践课的内容与现实情况差距大。O2O教学模式可以利用线上大量的MOOC、微课以及与授课内容相关的动画和影视，为学生提供丰富的、先进的、优秀的学习资源，还可以录制知名专家和学者的讲课视频、实践高手的操作录像等，使优质资源与学习者无缝对接，更好地实现教育的普惠性。所有学生都能享受"名校名师"的优质教育资源，真正体现了教育的公平性。授课过程透明化，质量可监控，可追溯；学习效果透明化，学生的提问、教师的反馈等可统计，可追溯。实现了师生之间、同学之间的高度互动，学生的表达和思辨能力得到锻炼和培养。

（三）教学形式的多样性

O2O教学模式中可以采用的教学形式多种多样，包括观看线上视频、参与线下讨论、课堂重点讲解、课堂练习、案例分析、头脑风暴、上机实践等方式。所谓教无定法，是指教学形式可以根据学生的状态、需求、个性以及教师的教学风格来确定，百花齐放，形式各异。正是由于教学形式的多样性，O2O教学模式不但能吸引学生的注意力，还能烘托学生和教师以及学生与学生之间的互动氛围，提高学生自主学习的参与度。更多地以"学生为中心"来构建教和学的环境，要求教师的角色从"传道授业"的讲授者向"解惑"为主的引导者转变，学生通过自主学习、反复学习，与教师和其他同学互动交流而获得知识，从而培养了学生学习的主动性、自觉性和创新性。线上教学虽然具有突出的优势，但是其不能完全取代传统的线下教学，而只能是对线下教学起辅助的作用。并且学生在长时间的学习中，不仅难以集中精力，而且还容易产生枯燥乏味的情绪，课堂教学的质量和效率难以保证。所以混合式教学可使学生的注意力更加集中，其通过课程内容的分割，在时间安排、形式搭配、互动设计等方面进行一定的组织编排，能提高课程教学的互动性，使教学变得灵活有趣。学生可以在线上学习后，通过线下的学习对知识加以巩固，从而得到更为理想的教学效果。

三、混合式教学的内容

（一）混合教学模式与传统教学模式的区别

混合教学模式并不是简单的互联网技术与教育行业的两者相加，而是利用信息通信技术以及互联网平台，让互联网与教育行业进行深度融合，创造新的发展生态。混合教学模式作为一种新型教学模式，与传统教学模式有明显不同，主要体现在以下几方面：

1. 时空的转换

基于"互联网+"的教学模式打破了教学活动的时空限制，视听传输技术和在线学习系统，使学习不再受到时间和空间的限制，教学活动可以在任何地点、任意时间进行。传统教学模式主要在教室完成授课，以教师讲授为主，同时结合板书、PPT等教学方式，完成知识的传授。基于"互联网+"的教学模式则完全打破了时空的局限性，师生可以随时随地展开交流，课堂上亦可通过网络进行教学容的深度扩展，由此达到课内外一体化的教学目的。

2. 角色的转变

传统教学模式的主角是教师，教学内容以教材结合讲义为主，教师在课堂上占据完全主导地位，学生被动接受，积极性和参与性不足。在传统课堂上，教师将时间和精力主要分配在课程知识的讲授和传递上，学生忙于记忆和初级层面的理解，师生没有足够的时间和精力进行互动交流，对知识深层次的理解和应用、新知识的创造等教学目标难以实现。基于"互联网+"的教学模式则更多地站在学生的角度，通过各种信息技术和工具引导学生自主学习，激发学生的学习主动性和积极性，提高学生的参与程度。

3. 教学组织管理的改善和网络平台的应用

由于信息技术的迅猛发展，尤其是智能手机以及无线网络的普及，高校学生对于手机的利用程度可以说是达到了前所未有的程度，无论是课上还是课后，学生都以手机为主要接收信息的工具，与其禁止学生在课堂上使用手机，不如利用手机为教学服务。同样，由于无线网络的普及，笔记本电脑亦可随时随地接入互联网，这也给新型教学模式带来了极大的便利。教师可以利用各种网络平台，与学生进行一对一、一对多甚至是多对多的线上教学。简单地说，基于"互联网+"的新型教学模式就是要在现有的互联网大范围普及的背景下，彻底转变固有的教学模式，利用信息技术和手段，应用各种网络平台，对教学方式方法进行大刀阔斧的改革。

（二）基于"互联网+"的教学组织与管理

1. 开发O2O教学模式

基于"互联网+"的教学模式改革并不是要完全抛弃传统的教学管理和组织方式，在传统的课堂教学中，诸如人才培养方案、教学大纲、课程标准、授课进度计划、多媒体课件、教学案例、实训任务书、授课素材、自学材料等教学资源均已在多年的教学实践中得到开发及完善。O2O模式的应用，是要在线下资源已经非常完备的条件下开发线上资源，并同时做到线下线上一体化，也就是课内外一体化教学模式的延伸和拓展。基于"互联网+"的教学模式改革，其根本在于利用互联网的信息技术优势，使学生随时随地接触到课程的知识点，因此改革的首要任务就是完善线上资源，可采用诸如微视频、微课、网络课程直播等授课方式，在教学资源的共享方面，可利用各种手段，包括教学平台、网络平台、微信群、QQ群等，同时，教师还可以通过创建微信公众账号，将课堂重点、拓展学习材料以文字、图片、短视频等多种形式发送到每名学生的手机微信之中，督促学生进行课后复习及拓展学习。O2O教学模式的最大优点是学生可以依据自己的时间，合理安排学习内容，制订个性化的学习方案；并通过微信、QQ、微信公众号等渠道与教师实时互动，获得充分的学习指导及帮助。

2. 创建新型的考核和评价机制

基于"互联网+"的教学模式改革必然导致学生有更多的时间在课堂外进行自主学习，如何掌握学生的学习进度、检验学生的学习效果以及如何进行课程考核都是改革必须要面对和解决的问题。根据课程的特点，按照课堂讲授、个人作业、小组项目分别进行测试。理论教学采用原始的试卷模式；个人作业综合学生完成的各项作业中体现的创新性、连续性和最终的课程总结给出成绩；小组项目，根据学生进行的自我评价、同学评价，以及进行的口试答辩和论文报告等项目给出最终成绩。与传统教学等考核评价机制不同的是，新型的考评机制更为重视检验学生自我学习的成果，无论是个人作业还是小组项目，在最终成绩中所占的比重都大为提高，相应的，增加了网络测试的频率和难度，平时成绩分阶段给出，这就要求学生在学习的过程中始终保持连贯性，不能有丝毫懈怠。基于"互联网+"的教学模式改革，对学生的考核评价不再局限于一门课程的学分是多少和考试成绩高低，而是将学习的全过程纳入考核评价体系，也就是从结果型导向向过程型导向转变。考察学生的学习动机、学习过程和学习效果三个方面，主要考查的重点是学生是否培养了查找信息、获取知识的能力，是否培养了团队学习的能力，是否能够将理论与实践结合，是否已经具备知识创造的能力等。只有具备了这些能力，才能真正培养出高素质和应用型人才。

（三）新型教学模式构建原则

1. 一个中心，从原有教学模式以教师为中心转变为以学生为中心

以教师为中心，往往忽略了学生的学习体会，从而影响了学习效果。而以学生为中心，从学生的需求出发，将学生切实放在学习主体地位，根据学生的学习习惯、学习兴趣、学习接收程度等考量教学内容和教学方法，采用边学边考、通关考核、互相答疑等方式，提高学生学习主观能动性和参与度，从而提高教学成效。

2. 两条主线，实体课堂和网络授课同步进行、各取所长

将授课内容做成"微课"，放置于网络平台上供学生学习。课程微课化，能够提炼精华，突出重点。通过小问题穿插于微课视频中间，并能够自动判题，类似游戏通关设置，激发学生的参与度和积极性；设立互动社区，学习者提出的难疑问题，很短时间内就会有人回答，或者系统会弹出标准答案；设有在线试题库，由浅入深，系统自动批改，并提出下一步学习建议。实现学习者个性化学习和自主学习，并实现系统反馈提升学习效果。实体课堂以辅导、答疑、现场讨论等形式开展，一改以往只以教师讲授为主的固有模式。重点监测学生的课堂活跃度、提问的次数和难度、分析学生学习状态，以此调整网络教学内容，两种授课方式互相促进。

（四）实现方式

1. 稳固教学重心

教改的关键在于明确教学重心，使传统教学与线上教学优势互补，功能最大化。这就

必须明确两者在教学中的地位，就当前中国高等教育而言，传统教学的主体地位是不可动摇的，线上教学只是一种辅助手段，两种教学不能等同甚至颠倒。明确了教学地位，也就决定了接下来教改的重心所在。与此同时，也不能忽视线上教学，只是明确了线上教学要服务于传统课堂，体现其辅助性功能。两种教学分工明确，高校课程教学的核心在于传授社会主义核心价值体系，帮助学生践行社会主义核心价值观。而线上教学其主要任务就在于传授核心知识体系，传统教学就在于帮助学生树立、践行核心价值观，做到知行合一。面对这一现代技术下的产物——网络课程教学，我们要清醒地意识到其所隐含的诸多风险，积极地研究对策，处理好名校名师线上教学与本校普通教师教学的关系，既要更新教学内容，同时也要运用现代网络技术来为自身教学服务，理清慕课虚拟课堂与传统现实课堂之间的关系。无论是传统实体课堂还是虚拟的线上教学，新颖的教学内容才是教学效果提升的关键所在。传统课堂是宣扬社会主义核心价值观的阵地，肩负着培养社会主义接班人的任务。传统课堂效果的好与坏，是生成而非既成。教学内容相同，但主讲教师不同，所产生的效果也是不一样的。同样的教师，面对不同的学生所产生的教学效果也不一样。因此，传统课堂的魅力应注重师生间面对面的交流沟通，授课魅力与学生莫逆之心融为一体，让学生身临其境地体验这场入心、入脑、入灵魂的教学情境。

传统课堂必不可少，但优质的线上教学内容也可作为教学补充。实现两者的优势互补，使传统的课程教学由课堂延伸至网络，由校内延伸至全国。慕课的引入须遵循课程教学规律，才能使各高校学生共享线上优质教育资源，完善教育形式，形成便利的自由自主学习方式，最终实现生活中泛在学习的新常态。

2. 落实教学保障

建立有效的保障机制是混合教学模式重心所在，而线上教学只能作为一种辅助手段。当前线上课程学习很大程度上取决于学生自身的自觉性。鉴于此，整个教学过程必须丰富多彩，趣味十足，才能激发学生学习热情，吸引学生参与教学。可以创设情境教学模式，通过叙事、活动、模拟等环境使学生身临其境，在轻松愉悦的环境中体验教学，融情于学，唤起学生内心共鸣，提升教学魅力，激发学生自主性学习能力，使学生在线上平台学习中更加自律。其次，研究网络技术，对学生线上学习过程实行全程监控。关注慕课技术的开发，保障网络开放的程序，完善线上课程保障手段，例如，确认学生身份信息、短信、微信提示学习任务等，保障慕课教学效果。总之，学生的自律和技术保障的他律是整个混合式教学的保障体系。

3. 提升知识素养——理性编排教学内容

教学内容作为整个课程教学的核心要素，其编排是否合理将直接影响教学效果。基于知识要点的整体完整性特点，以及时间长短，合理切割视频内容。遵循课程逻辑思维特点，合理编排视频顺序，使学生身临其境的游戏式学习。拓展理论与现实的分析结合。把线上教学引入课堂教学中，对于教师而言需要不断地提升自身学术素养，拓展学术视野，丰富教学素养。深入学生，了解其思想特点、兴趣爱好，并接触与学生相关的信息，与教学融为一体，增添教学魅力吸引力。其次，熟悉使用网络技术，英语教师应主动了解网络技术使用的关键点，掌握其基本操作技能，最大限度发挥线上教学功能。最后，学术团队的培养。仅靠两三个人并不能完成日常课程的教学工作，教学视频内容编排与分割、拍摄与剪辑制作，均需整个教学团队合作。因而，整个教学团队必须有很强的整体合作意识，发挥整体思维优势，增强影响力，展现混合式教学的根本性变革。

第四节　线上线下混合教学模式的环节设计

一、教学方式

（一）教学原则

教学方式应遵循的原则，是指教师在设计线上和线下教学活动时应当遵循的准则，主要包括以简约思维"RISC"思想为原则、以基于学习产出"OBE"教育模式为原则、以主动性"active"为原则和以系统性"systematic"为原则。

1. "RISC"原则

RISC 是一种简约的设计思想，在这里用来表示教师在设计线上课程内容时要遵循的原则。线上课程为了方便学生观看和自主学习，通常是以微课的形式出现，时间不超过15 分钟，因此每次微课的内容应当高度聚合，并且能够在规定时间内讲清楚。在对传统课程内容做划分的时候，应当尽可能地将课程内容分解为相对独立的内容进行线上教学。

2. "OBE"原则

OBE 是指基于学习产出的教育模式，这里代表教师在设定教学目标和评估方法时应当遵循的原则。因为教学活动通常是一个较长的过程，如何用合适的、具有可操作性的评估方法对教学过程进行评价是教学工作中必不可少的环节。O2O 教学模式涉及线上和线下，对线上和线下教学效果的评估要具有一定的可操作性，将学生所学到的知识、具备的能力和职业素养等一系列能够评定的学习产出定义清楚，并以此为目标反推教学活动应采用何种考核方式、何种教学方式、如何制订教学计划等。

3. "active"原则

对于主动式学习和被动式学习，学习者的体验是完全不同的，前者是积极的、主动的、高效的，而后者是消极的、被动的、低效的。主动性原则是指任何教学方法的采用都要以激发学生的主动性为原则。传统的课堂教学过于强调教师传授知识的系统性和权威性，而不注重学生自主学习意识和自主学习能力的培养。在设计线下课堂教学的时候，要采用类似"对分课堂""翻转课堂"的方式，以线上教学为牵引，将知识的内化放在课堂上，带领和引导学生进行主动的思考和讨论，并通过竞赛等方式刺激学生进行自主学习。

4. "systematic"原则

这里的系统性包含两个层面的含义：首先，线上教学和线下教学构成一种完整的教学体系，线上和线下的内容可以是相互补充的关系，也可以是递进的关系；其次，对于一门课程来说，线上的教学内容和线下的教学内容要具有一定的完整性。

一门特定的课程，并不是所有的内容都适合做线上教学，有些较容易理解的内容可以放在线上，让学生自主学习，而一些较为复杂、较难理解的部分则适合采用线上和线下相结合的教学方式。

（二）教学体系

1."以多维化教学资源为中心"的课程内容

课程资源是课程内容设计的重点。网络技术的发展对教育领域的影响已经势不可当，教学课程充分实现了"以多维化教学资源为中心"的课程内容[7]。因此，高校在对课程资源进行重置时，一方面要求进行细粒度划分，使其适应线上线下的学习；另一方面要求高内聚、低耦合，能够根据线上学习效果灵活调整线下学习内容。教学模式要求颠覆传统课程内容，其课程资源由传统课程与网络虚拟课程构成，线上教学资源异常丰富，如视频公开课、资源共享课、MOOC、SPOC 等更是如雨后春笋破土而出；线下教学资源则是教师在参加各类学术会议、报告会、研讨会后将知识进行梳理总结传达给学生，并针对线上课程内容中所存在的重难点问题进行探究、解决。为了使多维化教学资源为中心的课程内容达到最优化，课程资源的设定应具备以下几个特征：一是基础性。纳入课程内容的知识必须是核心知识，所要推动形成的能力必须是关键能力，在整个课程体系中具有不可或缺的奠基作用。二是交互性。课程资源所呈现的逻辑结构和表现形式必须有利于学生学习，有利于师生、生生之间的良性互动。三是生成性。每一个课程单元就是一个课程模块，要让不同模块之间有机衔接，从而使优质资源达到有效利用。四是开放性。课程内容以多维化教学资源为中心，体现了课程内容的开放性，要选取优质的教育资源供学生学习。五是个性化。根据学生对知识建构的能力水平及个人兴趣爱好等，学生可以自主在网络平台上选择适合自身的学习内容，以激发学生的学习兴趣。O2O 课程体系中对教学内容的安排，使教学内容呈现新颖性、灵活性、多维化等特点，这不仅符合高校学生的学习需要，还将知识讲授、能力培养、素质提升融于一体，颠覆了传统课程教学中"以知识为中心"的模式，实现了对传统教学模式的突破。

2."以学生个性化学习为中心"的课程要求

课程要求对课程体系起到一定的支撑作用。个性化学习就是为每个学生定制符合自身的学习策略和学习方法。学生根据多维化的教学内容，并按照自身的学习能力、兴趣爱好等选取合适的学习内容，经过一段时间的学习，掌握自己薄弱的知识点后，选择相应的知识点检测，通过做题、查看检测结果、针对性训练、个性化学习等进行循环训练。此外，学生也可根据自身的情况采取 4A 学习法，即让学生在任何时间、任何地点、采用任何方式、从任何人那里学习。"以个性化学习为中心"的课程要求，不仅能够赋予学生个性化的、完整的、深度的学习体验，调动学生的学习参与度，还能使教师洞悉学生的学习情况，从而更好地达成个性化教学目标所提出的要求，以改进学生的学习效果，提升学校的整体教学质量。

7　杜爱燕，杨俊. 新型本科高校大学英语混合式教学模式研究 [J]. 教育现代化，2018，5（38）：63-64.

（三）教学过程

1. 教学前的准备活动

（1）安排线上线下教学活动。据调查，93.1%的人喜欢面授辅导与线上学习相结合的混合学习模式，并且要以面授辅导为主、线上学习为辅。无论是线下教学还是线上教学，都已不再是单纯的传授知识、技能，而是要以学习者为主体，培养学习者诸如信息处理技能、解决问题的能力与创造能力、学习能力、批判性思维能力、社会交流与协作能力等多方面的能力。在此目标指导下，对知识进行划分，不同的知识与信息技术有不同的整合方法。

（2）建设线上平台学习资源。据调查，教学资源的受欢迎程度依次为：导学79.31%，案例故事视频62.07%，在线自测55.17%，辅导课内容PPT 48.28%。因此，应从这几方面建立相对应的教学资源。导学主要介绍该课程的主要内容、教学方法、学习方法、考试形式等；案例故事视频是利用信息技术，利用网络教学平台的优质资源，挑选其中与考试相关、重要的、新颖的案例，通过录屏、录播等编辑方式将其转化成可供灵活下载的视频；在线测试则是将重点、难点、考点转换成问题加以强调；辅导课内容主要是上课的课件，供没来的同学或没有听懂的同学反复观看。

2. 教学中的组织活动

（1）指导使用学习资源。基于信息技术的教学，改变了学习者的学习方式，还要把对信息技术及资源的学习和应用考虑其中。对于开放大学学习者而言，学习资源包括教科书和网上资源。对各类学习资源的使用，仍应充分发挥线下教学与线上教学的作用。教科书的指导和使用一般主要通过面授课完成，班级自建资源中的导学资源给予辅助。网上资源的使用虽以网上学习为主，但仍离不开面授课的指导，告知学习者各类资源的分布设计，梳理出相关的重点资源。如讲解一个知识点，可以借助网上资源，在指导学习者使用资源的同时，帮助学习者加深对知识点的理解。

（2）恰当选择教学策略。教学策略有多种，没有一种适应任何情况的教学策略，要根据实际情况灵活应用。如在课程的教学策略选择上，第一，采用导入策略，在每一章都通过创设情境，提出问题，激发学习者的参与。第二，采用组织策略，因为仅仅呈现情境很难达到让学员互动的目的，要采用随机点名、分组的方式鼓励学习者积极发言。第三，强调策略，尤其对比较枯燥的基础知识、基本原理的讲解，要一再强调在考试过程中可能会出现的考法，通过现场出题，让学习者作答。第四，提问策略，尤其是在案例呈现过程中，每到一个故事发展的高潮点，就鼓励学习者设想故事的发展，设想自己是主人公如何处理案例中碰到的问题，通过步步提问，由易到难，逐步吸引学习者的参与。第五，及时反馈的策略，每次学习者回答完问题，都要给予及时的肯定。

（3）组织开展小组讨论。建构主义强调有组织的协作会话，对于线上教学，组织性尤为重要，是信息技术与课程教学互动性双向整合向更高层面发展的关键。首先小组分组有讲究。要事先与班主任和班长沟通，对学习者的已有知识、经验和能力有所了解，然后强弱搭配，挑选组织能力强的学生作为组长。其次小组讨论要有组织性。该课程的学习者是新生，彼此之间不太熟悉，对网上平台系统也不熟悉，不容易产生互动交流，因此可在机房组织一次小组讨论，让学生之间彼此熟悉，方便教师的统一指导。再次小组讨论主题要有独创性。小组讨论在机房进行，以往很多学习者会将讨论的主题直接通过百度等搜索引擎寻找答案，进行复制、粘贴，为避免这一情况的再度发生，在确定讨论主题之前要事先查看网上关于这一主题的资料，确保该问题尚没有"标准"答案。最后小组讨论形式有待改进，随着信息技术的发展，可以通过微信、直播课堂、BBS 等多种形式开展小组讨论，既紧跟信息技术发展步伐，又能方便学习者的学习。

3. 教学后的评价活动

（1）巧妙设计在线测试。在线测试是非常重要的一种学习资源。随着信息技术的发展，在线测试已经成为教学过程中实施形成性评价的有力工具，是信息技术与教学深度融合的又一举措。它可以让师生得到及时反馈，让学习者了解自己对知识的掌握程度，让教师看到学习者的学习情况，以及时调整教学。

（2）注意收集评价数据。教学活动要尽量做到形成性评价与终结性评价相结合。形成性评价主要通过统计出勤率、访谈、座谈、活动小结等方式进行；终结性评价主要通过总校数据的统计结果、出勤率趋势、学习心得、满意度测评、考试合格率等数据来反映。评价数据的收集和分析，一方面离不开学校的学习支持服务；另一方面，88.66%的学习者常用 QQ 和微信交流，这些网聊工具已成为收集相关评价数据的重要渠道，而且更能真实地反映学习者的情况，是教学交互和教学评价的有效补充。

（四）具体领域的实施

1. 语言知识的优化

将混合教学模式运用于英语教学之中，教师可以随时随地为学生提供教学，学生也可以随时随地进行学习，突破了时空限制，让学生可以进行碎片化的学习，符合英语这一学科的学习需要。教师还可以为学生提供个性化的学习资源，根据学生的个人情况进行个性化教学，有助于提高学生的学习效率和学习积极性。在混合教学模式之下，教师可以将教学内容用先进的、新颖的方式呈现出来，学生的学习环境得到极大的改善。英语作为一门语言类的学科，有一个好的语境对于学生学习来说是非常重要的，运用混合教学模式进行教学，能够为学生学习英语语言创造一个真实的语境，在真实的语境中，学生更加容易理解所学知识，也能够将所学知识运用到实际中来。

除此之外，混合教学模式的线上教育功能提供在线教育论坛，在线教育论坛为师生之间的交流提供了互动功能，学生通过这一社交功能不仅可以在线上同教师和同学展开讨论，而且教师也可以在线对学生进行课业的考查，教师与学生、学生与学生之间可以进行学习心得的交流，学生在教师的引导下逐步构建起语言知识架构，建立起对英语学习的敏感性，提高自身的英语素养，获得质的进步。运用混合教学模式进行教学，其所构建的教学小课堂内容丰富多彩，在这里，学生可以提出疑难问题并获得解决，还可以利用多种教学方式进行学习，学生对于英语学习的学习积极性不断提升，为学生不断进行深入的英语学习创建了一个有效的平台。

2.学习实践方面的优化

在学习实践过程中,运用混合教学能够进行英语语言知识的获取和在线学习社区的构建,混合教学模式将学习过程中的课文导入、句子讲解等学习内容都融入教学视频中,学生可以根据自身的时间安排随时随地进行学习,学生还可以凭借自身的喜好或不足之处进行视频的选择,使学习过程变得更加灵活,为学生的个性化学习提供可能。混合教学模式实际上是对传统课堂教学模式的一种改革和补充,线上教学将与学生现阶段相适应的教学内容和教学资源进行整合,作为课堂教学的一种补充,线上教育与线下教育相辅相成,共同为提高学生的英语素养做出贡献。利用混合教学模式,教师还可以对学生的学习进行线上的监督,对于学生的学习情况和课业完成情况进行评价,遇到疑难问题,教师可以在线上为学生进行解答,学生也可以同其他学生一起进行学习经验的分享和总结,实现共同进步。

3.小课堂实践方面的优化

在传统的课堂教学中,所传授给学生的知识是有限的,并且脱离实际生活,教学缺乏趣味性,但是在混合教学模式下,线上小课堂对线下课堂的知识进行了扩展和延伸,许多课堂上难以接触到的知识,学生可以进行线下自主学习,不仅节省了教师教学时间,减轻了教师的负担,而且拓宽了学生的知识面。线上小课堂的教学也更具趣味性,运用科学技术可以实现许多线下课堂不能实现的特殊教学方式。混合教学模式下小课堂的构建能够系统性、针对性地将教学内容分为多个小课堂进行教学,每个小课堂的内容较少,满足了学生对于碎片化学习的需求,并且使学生学习更具有针对性,学生学习起来也更加方便,便于学生对于知识的掌握。大学英语的教学本就是基于英语课堂为学生提供探索知识的场地,而不仅仅是单纯的知识输出,因此小课堂正好适应了大学英语教学的这一需求,成为学生知识探索的场地。教师可以合理利用小课堂教学模式对学生的学习成果进行检验,学生也可以对教师的教学效果进行打分和反馈,以便于教师进行教学方式的改进,在这样的模式下,教学水平可以不断提升、不断进步。

4.综合运用实践方面的优化

要从根本上提高学生的英语学习能力,就要从多方面入手,不断提高其对于知识的综合运用能力。学生在传统的课堂学习中往往无法学习到如何进行知识的运用,做不到知识的融会贯通,此时教师借助混合教学模式对学生进行多方面的培养,使学生在学习过程中能够更多地接触实践知识,将理论同实践结合起来,也有更多的机会进行口语练习的模拟,让学生真正能够将所学习到的知识转化为能力并熟练运用。线上教学作为线下教学的一个补充,可以更加丰富课堂内容,加深课堂内容,在这样的教学方式之下,学生能够全面提升英语学习和运用能力,为社会培养出高素质的英语人才,为社会做出贡献。

二、课时分配

采用三段式的"翻转课堂"教学模式,将课堂教学主要分为课前、课堂上、课后三个阶段,在教学设计中将教师活动和学生活动两部分有机结合起来。关于课前课后学习时间,对于学生来说,由于混合式教学中的课前在线学习及课后任务时间相对传统教学占用了其更多的课外时间，对于教师来说，由于线下学习时间的碎片化及学生学习互动及反馈的随机性，要求教师利用课余时间来引导和参与互动及反馈。因此不管是学生还是教师都意味着在课外环节需要更多的时间和精力。课前及课后时间要不要纳入标准学时内，如何计算标准学时这也是混合式教学中需要进一步研究的问题。

（一）线上：课前

课前教师的主要任务，是选取教学视频，教师可以选取需要讲解知识点的相关实际项目案例或名师授课视频，如果无法找到，就需要教师自己录制，通过理论讲解和操作演示，录制与课程知识点一一对应的 5~15 分钟的授课视频，帮助学生通过视频学习，对知识点在理论层面有一定的认识，熟悉实际操作过程。接着教师针对视频设定相应的课前自主学习案例，帮助学生通过解答案例中的习题，加深学习的兴趣。学生在授课视频和阅读材料的帮助下，完成课前自主学习案例，并且通过线上的交流讨论，巩固知识点或提出新的问题。

（二）线下：课堂上

课堂教学是师生面对面交流的最佳平台，教师在课前从 MOOC 平台掌握学生的课前预习状况和疑问所在，在课堂中就可以进行重点的分析讲解和解答，也可以组织学生进行讨论，采用课堂问答和主题演讲等形式，调动学生积极性，加深对知识点的理解和应用。

课堂主题演讲时间控制在 5~10 分钟之内，演讲完成后其他学生可以提问，最后由教师进行提炼和总结。无论是主题演讲还是课堂讨论，教师的任务是把控讨论的主题，在自主讨论中积极引导学生按照既定方向进行，同时控制时间，提高课堂授课的有效性。

在讨论中，学生必须是主体，在教师点评的环节，也要以正面表扬为主，以期调动学生的积极性和创造性。在课程实践环节，也可布置一些主题要求学生分组讨论，学生讨论的分组，完全按照自愿的原则，在完成分组后，选出一个组长，组长要负责主题拟定、组织交流、记录心得等工作，教师则要把握小组讨论的进程，适时指导。

（三）线上＆线下：课后

教师完成 MOOC 平台上未答疑问题的解答，并评定学生本知识点的学习成绩。学生线下完成教师布置的作业，在线上 MOOC 平台复习巩固已学知识，在作品交流分享、学习测试评价和总结分析中加深对知识点的理解。

三、教学效果

线上线下混合教学方法实施后，对教改试点班和普通班的学习情况进行比较分析后发现：虽然教学大纲相同，但由于采用了不同的授课方案，从教学进度、考试成绩、能力培养等方面来看，教改试点班都要优于普通班。由于改进了课堂教学内容，使课堂教学更注重学生对知识的理解，课前的线上学习培养了学生自学能力，一个学期下来学生的实践和英语应用能力提高了。而且，试点班学生的期末考评除了期末考试还有线上学习、课堂讨论、课程设计大作业等评价，这种面向过程的评价方式更加客观和全面。

（一）激发学习兴趣

无论是在线上学习还是线下学习过程中，做到及时反馈激励，进一步激发学生学习兴趣。尤其在线下课堂面授时，先反馈线上学习情况，每个人学习任务完成没有，完成了多少，作业或测试成绩如何。同时也反馈线下作业完成情况，及时点评并指导他们进行修改，要求学生及时查漏补缺，巩固本节内容学习等。及时的反馈能激励学生认真学习，并进一步激发学习兴趣。

（二）学习效率提高

线上线下混合式教学，提高了学生学习的效率。在传统课堂教学中，由于学习时间地点固定，学习资源单一匮乏，教学效率不高，教师和学生都感觉比较累。线上线下混合式教学模式下，学生学习的时间与地点可以自由选择，学习资源与形式也十分丰富；这种状况一方面正好满足了90后学生信息技术应用较强，表现欲高的需求，提升他们的学习兴趣，为提高学习效率打下良好的基础；另一方面即便教师不能亲临现场教学，也可以通过资源库平台和云课堂，遥控学生及时学习，解答学生的问题，指导学生完成相关学习任务。以英语书写作课为例，在该混合教学模式下，学生学习的英语作文的种类和数量都提高了，相应地，学生会写的英语作文种类和数量也相应地提高了。

（三）学习成效显著

线上线下混合式教学模式，让学生形成课前学习，课堂提问，课后复习与学习的行为习惯，学生一直处于学习、询问、消化、学习的状态。主动学习的记忆效果远比被动接受的效果高，对于完成相关工作任务后能得到及时指导与修改，巩固学生的学习技能。

第五节 线上线下混合教学模式的实践要求

一、课堂内容要求

教学内容是课程教学的核心因素，教学内容的好坏对课程教学具有直接的影响。应综合考虑课程内容的整体性、时间的安排以及知识点的完整性等，对知识内容进行合理切割。根据课程的逻辑关系，合理编排微课程，使学生能够以轻松的心态进行学习。

二、教师团队要求

教师还应不断地更新教案与课件，将教学与实时动态紧密联系在一起，使学生的学习需求得到满足。然而，每个学生的个性特征及兴趣爱好等存在一定的差异，所以教师对教学资源的整合就显得特别重要，教师应该尽可能地满足绝大多数学生的需求，为学生解答疑惑，将课程的趣味性与理论性有效结合。因此，教师应具备较高的职业素质水平，能够将优质的教学内容通过科学的方式传授给学生，促进学生的理解，提升学生的学习效果。教师是线上教学的实施者、承担者、受益者。因此，教师应具有较高的专业知识和职业素养。教师首先应该掌握本专业内丰富的理论知识，其次，应加强慕课技术的研究与掌握，再次，还应该提升自己的团队合作意识及能力。只有教师自身的职业素质水平提高了，才能使英语课教学效果和质量得到保障，才能使学生在寓教于乐的学习中收获丰富的文化知识。教师在网络课程中所担负的工作，可以粗分为线上教材的制作及线上教学的带领。线上教学只是整个网络课程教学工作的一部分，它与其他网络的及非网络的课程活动相搭配，在课程教师的安排与管理下，共同完成课程教学的目标。

当教师带领着学生在网络联机上从事教学互动时，它有许多种不同的形式，这时线上教师的主要工作，并不是要在有限的时间内，对上线的学生进行单向课程讲述，这个线上活动的时间，更应该用在：指导、协助、解答疑惑、激励反思，要学生能提出问题、思考、辩护、建构、巩固线上教学所抛出来的议题，线上教师也同时要对学习者的学习进度及成果做出不断评估与回馈，以有效完成课程的学习目标。

传统教室的教学，是以教师为中心，教师扮演知识的传播者，教学就是由有知识的教师传播经验给想学习知识的学生的过程；即使是在课堂讨论的场合，仍然是以教师的带领为主要资源核心。但在网络上进行线上教学时，这个线上教师的角色与职责，不同于教室上课讲述的教师，甚至与一般在教室中带领实体讨论的主持教师也不相同。

网络教学中强调的是以学生为中心，要学生主动地上网自学，教师只是在旁协助、咨询、辅导、激励；但也由于学生是以自学为主，又是透过网络媒体来进行虚拟学习，所以在线上教学过程中，就会有许多有关课业疑难、人际关系、信息技术问题的产生，需要线上教师小心管理。

三、学生群体要求

线上教学，应用在教学中，使学生在学习时间、空间的选择上都十分自由，教师不能对学生进行有效的监管，只能依靠学生在学习过程中的自主性。然而，大部分学生在线上学习的时候不能做到良好的自控与自律，往往会出现代课、缺勤、开小差等情况[8]。如此一来，线上教学的实际效果将难以得到保障，为教师对学生学习的监管带来挑战，教师应该设法提高学生线上学习的自主性，提高线上教学的实效性。

四、技术要求

（1）提供一个支持师生利用计算机网络进行教学活动的有效环境，包括备课、授课、自学、讨论、答疑、作业、测验与考试等。

（2）为课程教学提供丰富的数字化教学资源，支持师生通过计算机网络共享有关的课程资料，包括课程大纲、教材、讲稿、课件、作业、考题、参考资料、其他网络资源等。

（3）提供课程教学中的各种管理功能，如课程教师介绍、学生名册与简况、授课与作

8　李珣. 高校大班英语小组合作学习模式研究[J]. 科技资讯，2017，15（16）：187，189.

业计划、考试与评分方法、课程通知、学生注册与登录、测验与考试管理等。

（4）网络教学课程与课本节字教材的本质区别，在于其媒体表现形式的多样性、媒体间的互补性以及教学活动中的交互性，在制作和应用过程中应特别注意充分发挥多媒体的优越性，搜集、创作和利用各种图形图像、视频录像、声音、动画等素材，采用超媒体结构，并加强交互功能。

（5）网络教学课程建设必须注意版权问题。在网络教学课程中引用他人著作中的文稿、图像、动画、视频等素材，需特别注意版权问题，由此引发的侵权责任由作者自行负责。

（6）网络教学课程建设的基本要求。

1）资源建设。数字化资源是每门课程必须建设的基本内容，包括经系（中心、部）及学校审查认可通过的课程简介、教学大纲、授课计划、教师信息、教学讲义等基本内容。教学大纲、授课计划应按学校的规范要求编写。在基本内容完善的基础上，逐步完善电子教案、网络答疑等内容，并根据课程需要进行有针对性的网络教学设计，同时将与课程相关的课外资料、相关网站链接到课程网页，形成一整套基本涵盖教学全过程的网上教学资源。

2）教学互动。教师在建设网络资源的同时，要积极加强网络教学的应用，与学生在平台上开展课程的教学交流互动，并按照教学进度不断更新内容。要利用教学平台发布课程通知，布置和批阅作业，开展讨论、辅助答疑等。教师应要求学生经常登录网络教学平台，充分利用平台进行辅助学习。教师应及时掌握学生的网上学习状况。

3）教学资源积累。教师要利用网络技术，收集教学相关的资源，丰富个人教学资源库、素材库。提倡教师联合开发、共享共用教学资源。

（7）为推动网络教学课程的建设和网络教学活动的开展，学校应建立网络教学课程建设的长效机制，通过立项方式，在二至三年内建成150门网络课程。

（8）为便于管理和考核，将网络教学课程按其建设和应用情况分为合格、优质两个等级标准。

（9）课程在网络平台上注册，课程简介、教学大纲、教师信息、教学进度安排、考核办法、学习方法指导等课程基本信息上网，教学课件、实践教学指导（适用于有实验教学环节的课程）。

（10）以资源+平台+服务为基本开发理念，以课程作为主导航，深度整合名师课程、学校自建课程、公共资源和各种备课资源，有效支持全流程教学的各个环节，并通过学习空间实现交流、互动、分享，着力实现信息技术与教育教学的深度融合，教师通过网络教学平台完成教学，学生通过网络教学平台完成学习，通过信息技术统计教学工作基础数据，推动信息技术在教育行业全面深入应用。

（11）建成网络教学平台。平台能够为学校提供一个网络教学门户，作为学校网络教学对外展示的一个很好的平台，能够为学校定制一个个性化的首页，首页能够设置多个栏目，能够将学校的公告通知、教学组织、课程信息等，学校的教学组织、所有课程信息、精品课程网站能够通过网络教学平台与学校已有的数据和资源实现无缝对接。建成教师教学网络空间。平台能够为教师提供一个基于SNS的教学空间，能够让教师在教学空间里完成与学生的教学互动。

第五章 线上线下融合式高校英语教学理论研究

第一节 高校英语混合式教学线上线下衔接问题

混合式教学是一种新型教学模式，能够将线上与线下进行充分的结合，从而有利于拓展学生学习的方式与学习的深度。目前，在大学英语教学活动中，混合式教学可以说是备受青睐，它以创新性、合理性的特点使得大学英语的课堂效率以及学生的学习成果都有着巨大的提升，但是没有什么是绝对完美的，在目前的大学英语教学中，混合式教学模式的普及以及实施过程仍然还有着很多的不足，因此加强相关方面的研究是很有必要的。对此，本节就大学英语混合式教学线上线下衔接问题进行探讨与研究。

在目前的大学英语课堂中，混合式教学还存在着很多的不足与问题，其中就包括线上线下教学衔接不到位的问题。线上线下教学衔接不到位，混合式教学的突出优势就无法得到充分的体现，混合式教学对于大学英语课堂的促进作用也会大大降低，从而无法达到其实施的原本目的，另外其也不利于加强学生英语学习的自主积极性等等。因此，根据混合式教学中线上线下教学衔接中所出现的问题以及不足进行合理的讨论与分析，并提出相应的改进策略，从而使得混合式教学模式可以更好地适应时代的发展，为教育事业的改革与创新做出巨大的贡献，是很有必要的。

一、加强混合式教学线上线下衔接的意义

从混合式教学模式探索的角度。加强混合式教学线上线下衔接的意义，从混合式教学探索的角度来讲，是很有必要的。因为改进混合式教学中的不足，就会使得混合式教学的探索过程更加顺利，从而混合式教学在大学英语课堂中的实际应用也会更加完善，从而有利于促进混合式教学实现其开设的原始目的，为教育事业的探索增添一分力量。

从学生的角度。混合式教学线上线下衔接的过程倘若不够完善，学生在进行相应的学习中就会遇到很多问题，例如线上线下知识点描述不一致或者知识范围不同、线上线下教学重点不一致等等，这些问题就会导致学生在学习的过程中产生迷茫感，不知道到底该将学习重心放在哪一方面，从而耽误了其英语学习过程中的方向性。同时，线上线下衔接的不一致也不利于其进行相应的拓展学习等等。因此，从学生英语学习过程中的完善性与合

理性来看，加强混合式教学线上线下的衔接是很有必要的。

从教师的角度。从教师的角度来看，加强混合式教学线上线下的衔接，不断改进混合式教学的实施方式与实施过程，使其更加完善与合理，不仅仅是其所应该做的本职工作，同时也是其所担任的时代使命。另外，加强线上线下的衔接，使得教学效率得到提升，在教师教学负担的减轻这一方面对于教师本身来说也是很有意义的。因此，教师应该不断地改进混合式教学的不足与缺陷，从而更好地实现自己的职业价值。

二、线上线下教学模式的优势

有利于改变教学模式，改进教学方法。混合式教学模式具有"双线性"，即线上线下共同教学，其通过线上线下的完美衔接与配合从而可以大大地提高教学工作的质量与水平。双线性的教学模式与以往的教学模式不同，它在其中加入了探究性、自主性以及时尚化的教学理念与教学目标，这样学生在英语学习的过程中就会有更多的机会来进行亲身实践与加强对时尚文化的了解，从而增强了英语课堂与外部世界的联系，有利于吸引学生学习兴趣。同时，作为一种新型的教学模式，混合式教学还有利于教师改进教学方法，例如由以往单纯的讲述变为线上线下共同教学的教学方式，从而有利于提高学生的知识接受效率。另外，混合式教学模式还有着完善的自主纠正功能，从而可以避免以往由于传统教学模式的局限性所导致的学生疑难问题遗留较多的情况，可以更加方便学生进行自我完善式的学习。

有利于突破传统教学的时间和地点限制。在互联网的时代背景下，由于信息的传递性与共享性，网络资源可以随时随地地进行观摩与学习，因此，在这一背景下产生的混合教学模式也具有相应的优点，即可以突破传统教学模式的时间与空间的限制，将学习的自由化与个性化进行到底。通过混合教学模式的自由化，学生可以在线上学习中随时选择进行知识的二次学习与自我纠正，从而有利于提升其课堂的自我学习效率，并且在课后的时间里，学生也可以根据自己的喜好随时随地地进行必要的拓展学习与课后练习，这就可以大大提高其学习的自主化，另外学生还可以根据自身实际情况进行完美的时间与空间的布置，从而有利于其学习环境的理想型，大大提高其自主学习效率。

有利于充分利用网络资源，提高教学质量。众所周知，随着时代的发展与人们思想层次的进步，高等院校与高端知识分子越来越愿意将宝贵的知识与经验进行分享，因此网上的优秀资源是非常多的。相较于教师根据自身经验来制作的教学内容，其往往更具科学性与合理性。所以教学过程中充分地利用网络的优秀资源是很有必要的。而混合式教学模式就可以充分地将网络资源进行整合并加以利用，从而有利于教学质量的进一步提高与教学措施的完善；另外，学生在进行相关优秀网络资源的学习中，也能够学到更多优秀的品质与本领，从而有利于其全面发展。

三、混合式教学线上线下衔接中所出现的问题

线上线下知识范围不一致。混合式教学线上线下衔接过程中所经常会出现的问题就是线上线下知识范围不一致的问题。线上线下的知识范围不一致，知识体系相差较大，就会

导致学生在进行英语学习的过程中常常会感到迷茫与困惑，难以将二者进行一个合理的整合与统一，从而导致其在英语学习中出现断层的情况，最终不利于其英语学习的连贯性以及英语知识的系统化的理解等等。教师在进行线上线下的教学资源的选择与整合过程中，一定要注意其知识范围的合理性，使得二者可以很好地结合与互补，从而避免学生在英语学习过程中出现知识断层的情况。

线上线下工作分配不合理。一个良好的混合教学模式，其线上与线下之间的分工与重心应该是十分突出且互补的[9]。但是很多教师由于经验不足，在进行相关的教学规划中往往没有涉及相关的考虑，因此就会出现线上线下分配不合理的情况，例如线上偏练习巩固，线下偏导学学习以及线上线下都缺少相应的教学指导等等，这种不合理的工作分配会导致的后果就是，混合式教学的双线性难以得到有效体现，从而不利于其实现其创设的原始目的；另外这也会导致学生英语学习过程的不合理性，使得其主客反置，从而不利于其英语学习的连贯性，降低其学习效率。因此，为避免上述情况的发生，教师在进行相关的工作分配时，一定要注意其合理性，并根据学生学习的实际情况进行适当的更改与调整，以使得混合式教学模式可以更好地服务于学生的英语学习。

线上线下资源重合度过高。很多教师在进行混合式教学模式时，由于过于偏重线上的教学效果，或者不重视线下的教学目的的实现，其往往会出现线上线下选择资源高度重合的情况。线上线下资源高度重合，会使得学生在学习的过程中忽略掉线下教学或者线上教学的学习过程，降低线下教学或者线上教学设置的合理性与必要性，从而使得混合式教学模式名存实亡，彻底退化成传统的教学模式。所以这种行为是不可取的，教师在进行相应的线上线下资源的选择中，一定要注意其内容的关联性与不相关性，注重线下教学的拓展性，从而有利于充分发挥混合式教学模式线上线下双重性教学目的的施展，充分体现其符合时代发展的必要性。

线下评价机制缺失或者不完善。很多教师在进行教学的过程中，往往只注重线上教学的评价，而对于线下教学的评价机制的完善性其往往是忽略的。这就会导致学生在学习的过程中，很容易会忽略线下学习的过程，从而不利于混合式教学的双向展开与学生英语学习的完善性。因此，加强线下教学评价是很有必要的。

四、基于上述问题所提出的改进策略

基于互联网的视觉下，实行资源的合理选择。互联网时代下，尽管随着人们思想觉悟的提升，优秀的网络资源越来越多，但是相应的，一些滥竽充数或者没有价值的资源也在相应的变多，甚至比优秀的资源还要多得多。因此，这就需要教师在进行相关资源的选择过程中，一定要明亮慧眼，加强对于优秀教学资源的选择与合理归纳，从而为学生的英语学习做出更加合理的保障；同时，教师在进行线上教学资源的制作时，也应该多加进行商讨与借鉴其他优秀的教学作品，注重资源的教学质量，不能闭门造车，要具有宽容性与包容性；另外，线上与线下的资源整合也不能出现重合度过高的情况，只有线上线下的资源

---

[9] 李艳，韩文静. 孔子因材施教的教育思想简述[J]. 吉林教育学院学报，2008（4）：39.

都足够优秀且能够互相应和,混合式教学模式才能对学生的英语学习起到更好的促进作用,教师的教学水平才能更加有所保障。

合理分配线上线下工作重心。混合式教学模式之所以分为两个教学过程,就是因为其能够充分地发挥线上的优势与线下的优势,从而使得二者可以相得益彰,更好地促进学生英语的学习。因此,线上线下的工作重心的合理分配就至关重要。教师在进行教学中心的安排时,一定要根据学生的实际情况进行调整,例如学生普遍不喜欢课上练习,那么就要把线上教学的重心放到教导培训上,线下则主要负责课后的巩固与练习等,倘若学生的自主学习性很差,那么相应的,课上的练习时间就要增长一些,线下的则主要负责相关的知识拓展等等。只有线上线下工作重心明确,工作目标相互顺承,流转起合,混合式教学模式的意义与作用才能够得到更好的体现,从而更有利于学生的英语学习。

完善线下评价机制。对于线下教学评价机制的重视不足会严重的阻碍学生的线下学习积极性,从而为其英语学习过程的完善性做出阻碍。因此,教师对于线下教学的评级机制进行合理的完善与改进就很有必要。例如对于学生视频观看的进度以及观看的时长与平均时间进行合理的考核考量,并以此为依据建立分数评价规则,为学生的线下学习过程做出合理的评价,从而有利于通过线下学习过程评价机制的完善性来增进对于学生线下学习过程中的监督过程,为学生英语学习的积极自觉性做出合理保障。

注重交流能力与团队合作精神的培养。混合式教学模式作为一种自由化比较高的教学模式,因此其发展空间与上限也是非常高的,所以教师在这种模式下就要改变以往的传统的教学思维,不要只注重知识的传授,同时还要注重对于学生交流能力与合作能力的相关培养等等,从而有利于学生的全面发展。例如教师可以在课上进行小组交流讨论、英语话剧表演以及其他等涉及交流与合作的相关课堂活动等,学生通过参与这些课堂活动,不仅会增强他们自身的交流合作能力,从而也有利于促进其之间的友谊等。

混合式教学作为一种创新性的教学模式,其还有很大的发展空间,因此针对其实施过程中所出现的线上线下衔接不流畅的问题进行合理的讨论与改进,从而促使其更加合理与完善,增进其对于大学生英语学习的促进作用是很有必要的,同时,这也是我们每一个教育工作者所不可推卸的时代使命。

第二节 基于教学翻译的线上线下高校英语教学设计

教学翻译一直都是促进英语教学的重要手段。但是随着信息技术的不断发展,传统教学翻译越来越无法满足新时代学生的学习需求。矛盾突出表现在教师不能及时详尽地反馈每一份翻译作业,偏重笔译练习忽视口译训练、学生机械背诵翻译内容,应付教师抽查等方面。本节认为线上笔译、线下口译或许可以成为教学翻译融入线上线下结合教学的可行途径。利用阿里钉钉等自动评阅平台,学生可以瞬时获得翻译的语法检查,教师也可以人工给予评阅。课堂上,可以组织学生视译、听译,完成课文词汇短语的检查、重要句子的讲解，有助于学生锻炼口语、提高公开演讲的能力。

运用翻译来促进英语教学，一直是大学英语教学的重要研究内容。突如其来的疫情让网课流行起来，信息技术对大学英语教学形式的革命性影响不断突显。一方面，学生对传统课堂教学的兴趣在不断衰减；另一方面，线上教学还远未成熟，作为线下教学补充形式的地位未得到根本改变。如何将翻译更好地融入线上线下结合教学，是亟须探索的重要课题。

一、教学翻译

教学翻译与翻译教学是一对非常相似的概念，穆雷明确提出了它们的区别。他认为前者的定位是外语教学，目的是检验并巩固外语知识、提高语言应用的能力，侧重语言结构的训练。而后者是翻译学的范畴，面向的是职业译员。面对非英语专业的学生，教师应该侧重选择教学翻译，提高学生语言应用能力。

从内容上看，教学翻译主要包含两大块：（1）课文翻译；（2）围绕课文编写的翻译练习。课文翻译最常见的就是从课文中挑选出一些句子，让学生在课堂上练习。而编写的练习题常常用作课后作业，计入平时成绩。显然，这种训练的主要目的就是反复训练学生对语言点的掌握。翻译内容多出自课文，较少涉及时事。从形式上看，教师在日常大学外语教学中更仰赖笔译，如课后习题、四六级试卷的段落翻译等，较少涉及口译。从方法上看，主要是教师布置作业，下次课检查或者上交教师批改，学生往往反复酝酿，把翻译作业做成了背诵作业。

传统教学翻译多在线下进行，暴露出了许多问题[10]。首先，巨大的人工批阅成本让学生从教师处获得的反馈有限，教师不充分或不情愿批改的现象比较普遍。其次，传统的课堂检验方法很容易促使学生背诵翻译，将词汇语法练习变成了记忆练习。其次，学生的视听说技能往往无法得到锻炼，无法弥合与市场需求的差距。面对这些问题，本节认为教学翻译应当同时包括口笔译。笔译可以锻炼学生反复锤炼译文的能力，而口译则可以锻炼学生的口语能力、提升自信等交际能力。本节提出线上笔译、线下口译的教学设计，将教学翻译充分融入线上线下结合教学来弥补上述不足。

二、线上笔译

线上笔译可以依托具备自动测试功能的平台，比如 itest，iwrite。这类由出版社提供技术和内容支持的平台和教材结合紧密，方便教师使用教材资源布置笔译练习。缺点是必须购买服务，而且没有移动客户端。一些移动办公软件恰好可以弥补这些不足，比如阿里钉钉。钉钉新上线的学习圈功能，配备了可以自动批改作业的"英语作业"小程序，主要功能就是以句子为单位批改语法错误，这恰好契合教学翻译的主要目的。通过多次模拟测试，作者发现"英语作业"的批阅结果主要分成三种类型，红色的语言错误，绿色的好词好句、黄色的警告、提示性内容。阿里钉钉使用的自动评分算法能精准识别绝大部分错误，并给出具体错误类型，比如动词错误、词性错误等。这可以极大地缓解教师需要批阅大量

---
10 刘英爽. 国际化背景下大学英语跨文化教育的瓶颈和转型趋势[J]. 教育评论，2016（7）：115-117.

作业而反馈不细致或干脆不反馈的现实矛盾。

线上笔译的训练内容也应超出课文或配套练习。一方面经过多年循环使用，学生很容易获得参考答案而降低训练效果，另一方面广泛涉猎各类题材是大学外语教学的本质要求。因此，教师可适当增加课外内容。

三、线下口译

线下口译利用课堂时间完成。口译的形式多种多样，为了更好达到大学外语教学的目的，可以采用难度较低的形式，如视译、单句口译等。线下口译的内容可以是教材的句子，或者课后习题，教师也可以添加一些口译中常用的句型作为补充，满足市场对学生基础口译能力的需求。大学英语学生的记忆能力无法和英语专业或翻译专业学生相比，也无须达到这个要求，因此线下口译可以更加注重视译。学生可以边看材料边输出翻译，既达到了训练的目的，又可以锻炼学生的口语表达、公开演讲的能力。视译的内容也可以更加丰富。比如将传统的单词听写变成视译练习，教师将重点单词和短语投屏，学生进行即时的口译，也可以设置时间限制，比如利用 PPT 等软件的定时换页功能，规定学生必须在一定时间内完成视译。当然也可以挑选学生进行单句听译，或者组织学生在课堂互相进行听译，教师分组进行监督。

线上线下结合教学方兴未艾，有线上教学不断加强、两者不断融合的趋势。本节提出了线上笔译、线下口译的线上线下结合教学设计。依托自动评阅平台，教师可以开展线上笔译，过去无法照顾每一位学生的困难迎刃而解。课堂开展线下口译，帮助教师充分引导学生参与课堂教学、引导学生注重口语表达。

第三节　高校英语线上线下翻转式教学实施路径探索

互联网技术与教育的深度融合，催生了"互联网+"背景下线上线下翻转式教学模式。这种新教学模式促进了教育资源均衡化、教学方法科学化、学习个性化。线上线下翻转式教学是大学英语教学改革的一项重要的探索和尝试，能较好地发挥在线教育和传统教育的优势，增强学生的学习主动性，形成"教学相长"的良性循环。

随着互联网、云计算、大数据等技术的发展和普及，人类社会已经步入"互联网+"时代。互联网技术与教育的深度融合，催生了翻转课堂、微课、慕课等教学模式，这些新的教学模式对教育者和学习者提出更高的要求和希望，促进了教育资源均衡化、教学方法科学化、学习个性化，有效提高了教育质量和教学效率。2007年教育部颁布的《大学英语课程教学要求》明确指出，新的教学模式应以现代信息技术特别是网络技术为支撑，使英语教学朝着个性化学习、不受时间和地点限制的方向发展。"互联网+"时代新的教学模式对培养学生的英语应用能力和自主学习能力有着积极的创新意义。

一、大学英语线上线下翻转式教学的现实需求

近年来国内高校大幅度削减大学英语课时,使得广大英语教育工作者面对一些新问题:如何将有限的课内时间与大量的课外时间有效结合;如何将英语学习从课堂延伸到课外,从线下拓展至线上;如何构建一个网络立体式学习空间和学习平台。解决这些问题是当前大学英语教学改革的重点。

在"互联网+"时代,现代信息技术广泛应用于大学英语教学,不但使教学手段实现了现代化、多样化,而且促使教学理念、教学形态发生变革。线上线下翻转式教学模式在大学英语教学上的运用,满足了信息时代网络化教学的需求,极大地丰富了教学内容,拓宽了教学路径,也加速了学生学习角色的转变。

基于网络资源的英语教学,能灵活地给予学生明确指令和学习任务,组织学生进行线上自主学习、探究认知,线下提出问题、讨论结果。与传统教学相比,线上线下翻转式教学将原本的教学秩序进行了翻转和重置,能较好地调节学生的个性差异和学习进度,最大限度地增加学生的碎片化学习时间,让学生更好地进行自我感知、自我认知和自我内化。

二、大学英语线上线下翻转式教学的路径构建

学习用户群构建。学习用户群是由不同个体基于学习过程中的协作交流和相关学习资源的使用而建立起来的网络学习群体或社会认知群体。学习用户群源于"虚拟社区"概念。"虚拟社区"概念由社会学家瑞格洛德于1993年率先提出,意指由一群通过计算机网络连接起来的突破地域、时空限制的人,通过网络彼此交流、沟通、分享信息与知识,形成具有相近兴趣和爱好的特殊关系网络,最终形成具有社区意识和社区情感的社群。

学习用户是构建网络学习系统的第一要素。在线上、线下环境中,凡是接触、了解、使用、传播、讨论有关大学英语各类学习资源的学习者、交流者、参与者,都可以称为学习用户或用户群。学习用户群提倡的是"人人教、人人学""处处教、处处学""时时教、时时学"的新型开放式学习模式,用户既是学习者又是教学者,既是学习资源的消费者又是学习资源的供给者、生产者和管理者。在"互联网+"学习环境中,教学内容并不限于文本知识,学习用户可以进入语言学习的开放环境,通过网络学习平台,参与学习交流活动,获取学习资源,完成学习任务。

线上学习平台构建[11]。互联网的快速发展为线上学习提供了可靠的外在条件。加拿大拉瓦勒大学教育学院教育技术部主任迈克尔·鲍尔(Michale Power)指出,网络在线教学平台实际上就是供学习用户群体获取资源、交流沟通、开展个性化学习和自由发声的场景。这个场景是开放式的,为学习者的学习和教师的教学提供环境支持。教师借助平台推送学习资源、构建学习模式、开发学习终端,尽可能满足学生的学习需求,尤其是非正式学习和微学习或碎片化学习的要求。构建具有生成性、开放性、联通性、智能性、微型性等特征的网络在线学习平台,能有效解决线下学习资源不足和缺乏真实交互语境的问题。

---

11 王汉英,胡艳红,徐锦芬.美国康奈尔大学外语教学观察与思考[J].教育评论,2015(7):165.

超星尔雅、超星云课堂、智慧云、爱课程、雨课堂、蓝墨云班课等都是基于线上学习而开发的学习平台。这些学习平台具有易学、易用、易管理等特点，为学习者提供了实时互动的硬件条件，构建了线上线下教学的自媒体交流渠道；采用"线上观看学习＋线下讨论测评"的翻转课堂形式，实现了多元化、多模态混合式教学。在这些平台上，教师利用提问、讨论、纠错、问卷、评价、头脑风暴等教学形式，和学生进行线上互动交流。

线上线下学习资源库构建。无论是线上还是线下，学习资源都是教学活动中的核心要素。线上学习资源，除传统学习资源外，还有在线可随时获取的网络学习资讯，以及数字化资源、移动学习资源、微型学习资源等内容，它们以文字、视频、音频、动漫、图表、数据等形式呈现，其中微型化或碎片化学习资源应用广泛。线上学习资源是大学英语课程在线学习的一个重要载体，在线学习内容丰富、形式多样，具有情境性、交互性、即时性、动态性等特点。课程的学习资源建设应坚持"学生为本""实用为主、够用为度"原则，满足网络环境下碎片化学习以及非正式学习的要求，使学习者在不需要花费太多时间的基础上，可以轻松愉悦地掌握某一知识要点，弄懂一个内容片段。

在"互联网＋"环境下，大学英语在线课程要利用网络优势，以项目任务为引导，将语言知识、语境描述、语言技能融为一体，动态展示课程学习内容，将语言运用、提问讨论、句型提炼、拓展实践等内容，以微课短视频、文字图片、主题音频、PPT课件、画外音讲解、练习题库等形式呈现给学习者。为了激发学习者的学习兴趣、维持他们学习时的连续注意力，学习内容的设计要遵循低认知负荷原则，做到内容容量小、片段时长短，一个微课就是一个学习点，保证资源的颗粒化和碎片化，方便学生在课后的零散时间里学习和观看。

线上线下教学流程构建。学习已经不仅是为了掌握知识本身，更重要的是掌握学习的方法和获得知识的途径，以及形成知识与人相互作用、相互交织的网络。任何行之有效的教学模式、教学方法都离不开教师和学习者的参与和投入。线上线下翻转式教学流程分为课前、课中和课后等三个阶段。(1)课前：知识传递阶段。教师在课前根据教学内容，制作和创建线上学习资源，包括微视频、微音频、文本等与课程相关的资料。通过网络传输、推送学习资料，发布平台资讯，供学生点击浏览。学生通过观看，了解学习内容，完成课前预习任务，并提出相关问题。(2)课中：内化扩展阶段。学生针对课前预习的内容，展开线下学习，进行全班讨论或分组讨论。其间，教师听取学生交流，答疑解惑，对学习内容的重点和难点进行讲解、分析和提炼，并且对学生的学习成果给予点评和指导。这种线下学习模式改变了学生"依赖教师灌输"的学习状况，使学生的学习变得更主动、更有个性，既有助于知识的内化，也有助于培养学生的批判性思维能力。(3)课后：成果固化阶段。教师在章节教学结束后，对学生的学习进行全面评价和总结，反馈上一阶段的学习情况，布置下一阶段的学习任务，并将优秀作业(作品)制作成范例，供学习用户群体观摩。

线上线下翻转式教学，以网络教学平台为载体，以培养学生的英语综合应用能力为目标，以彰显听说能力为前提，以视听说促阅读，以阅读促写作，突出教学的规范性和创新性。翻转式教学要求学习者养成自主学习的良好习惯，从确定主题、寻找素材、提出疑问到探究学习、完成任务，全程自主、自愿、自律。教学评价也体现了多元化原则，需结合学生线上参与程度、学习的主动程度、完成线上线下作业的正确程度，以及期末考试成绩等具体情况进行最终的综合学业评价。

三、实施大学英语线上线下翻转式教学的可行性

"互联网+"背景下的线上线下翻转式教学在实践中产生了令人满意的结果。这种教学模式是大学英语教学改革的发展方向和必然趋势。

学生的网络信息需求使线上线下翻转式教学成为可能。学生对线上学习非常有兴趣。线上学习具有丰富的在线资源、生动的媒体手段、便捷的互动交流、超时空的学习机会等优势，使当代大学生通过互联网自主学习、个性学习的意愿更加强烈。学生对网络信息的需求是多元的、全方位的，表现为综合化和个性化，资讯信息在学生平时的学习和生活中发挥着越来越重要的作用。他们除了学习本专业知识外，还需要了解更多英语方面的综合知识，并且将分散的英语知识融会贯通，构建个性化学习数据库，扩大对英语知识的学习及应用范围，完善语言学习的认知架构，从而提高英语应用能力、文化素养和品位。学生希望从大量的一般性信息需求满足转向对解决问题起关键性作用的高效的信息需求满足，通过教师的指导，培养并提高他们的针对性学习能力，满足高层次学习的需求。大多数学生非常认可线上线下翻转式教学模式，认为网络教学平台能提供丰富的知识，并且愿意主动去学习，参与学习用户群里的互动交流。

教师的技术素养使线上线下翻转式教学成为可能。翻转课堂教学模式的成功实施离不开高素质的一线教师。教师的学科素养、教育教学素养、信息技术素养及教育智慧等，共同决定了翻转课堂教学质量。教师的现代化技术素养直接关系到他们能否熟练操作网络教学平台，能否熟练上传和更新学习语料，能否熟练调用其他学习平台上的资源和数据，事关"交互式"的教学和管理能否实现。具有较高技术素养的教师能轻松驾驭现代媒体，将线上教学作为常态化工作模式，能不断更新教学理念，灵活运用教学方法，动态提供教学信息，个性化定制教学内容，满足学生的多样化学习需要，跟上现代化教学改革的节奏。在翻转课堂教学模式下，教师的角色已从知识讲解为主转向答疑解惑为主，从注重学生对知识的理解转向重视学生高层次思维能力的发展和综合素质的培养，从面向学生全体转为面向学生个体。更重要的是，有效实施大学英语线上线下翻转式教学模式，是新时期教师专业成长的重要途径之一。

现代技术的高速发展使线上线下翻转教学成为可能。随着网络通信技术和互联网技术的快速发展，高校实施线上线下翻转式教学成为可能。先进的技术和完善的硬件设施，为互联网线上学习的开展创造了良好的条件和时机。大学校园网、Wi-Fi全覆盖、数字化校园和智能型园区建设以及智能手机的普及，为线上英语学习提供了可靠的支撑条件。线上教学是一种借助移动设备，能够在任何时间、任何地点进行教学的方式，所使用的移动设备必须能够有效地呈现学习内容，并且为教师和学生提供双向交流通道，保障在线学习和互动的畅通。利用网络教学平台，学习者可以方便地对学习时间、地点和方式做出个性化的选择，开展动态的自主学习。大学英语线上教学在呈现真实场景、微课视频、动画片段、音频演播等教学内容时彰显了交互式媒体的优势，确保自主学习过程的互动性、趣味性。

大学英语在线学习平台提供了过程评价和结果评价相结合的智能型教学评价工具，支持灵活的评价策略，能实时提供学生学习、教师教学和教学过程的量化数据，有效推动了线上教学的开展。

线上线下翻转式教学使培养学生的自主学习能力成为可能。线上线下翻转式教学是培养学生自主学习能力的重要手段之一。在大学英语教学中，这种翻转式教学模式要求学生有较强的自控能力，这是提高学生自主学习能力的关键所在。线上线下翻转式教学是一种逆向的授课方式。它的逆向表现在以下环节：(1)课前，学生对所学内容先观看、先自学、先记录、先认知；(2)课中，教师不刻意讲解全部内容，而是通过活动环节的设计，答疑解惑，给予个性化点评和纠正，再提出新的任务。线上线下翻转式教学强调个性化教学与自主学习相结合。学生在教师的指导下，根据自己的学习特点和水平，选择合适的学习内容、学习方法和学习时间，自愿参与网上学习论坛，自主进入虚拟教学课堂。这样的自主学习氛围能潜移默化地培养学生良好的学习习惯和学习能力，有助于学生较快地提高英语综合应用能力，获得最佳的学习效果。

大学英语线上线下翻转式教学模式吸引了越来越多的教师和学生。线上、线下教学形式各有优缺点，在大学英语教学实践中将线上教学与线下教学相结合，进行教与学的翻转，能够实现两种模式的充分互补，因此，受到广大教师和学生的肯定。

网络教育方式能弥补线下教学模式中学习资源不丰富的缺点。互联网中丰富的信息资源拓展了教学内容的深度和广度，为学生创造了更多的学习机会，提供了更便捷的学习途径。但是，海量的网络信息有时也会分散学生的注意力，使学生对必须完成的学习任务关注不够；教师也难以控制学生的线上学习进程和学习效果；学生长时间观看手机播放的教学视频和微课，也有可能失去学习兴趣。因此，大学英语教学还是不能忽视面对面的课堂教育和一对一的师生沟通，线下教学有助于解决线上学习碰到的一些问题。

线下教学具有实时互动性，教师可以随时关注学生的课堂学习情况，随时调整教学方法，学生在观察同伴的过程中开展交互学习。英语学习离不开场景的感知、同伴的交流、文化的渗透以及思维情感的体验，离不开以知识为载体的现场互动教学。当然，线下教学也有不足，如学习资源多是枯燥的文本资料、学生只能跟着教师的节奏学习、一堂课结束后无法回放教学过程等。课堂上，教师要顾及大部分学生，难以做到面面俱到，不可能始终考虑所有学生的个性化需求。

教师开展大学英语线上线下翻转式教学，必须透彻把握教学理念，细致规划课程方向，明确线上学习目标和线下教学目标，提出具体的教学要求。教师要结合大学英语课程的教学任务，不断增加新的资源，上传新的微视频、课件PPT、文字资料以及链接等，以充实和更新学生在线学习的资源库，保证学习内容的新颖性、时效性、实用性。总而言之，线上线下翻转式教学改革较好地融合了在线教学和传统的课堂教学模式，能够有效调动学生的学习主动性，实现"教学相长"的良性循环。线上线下翻转式教学有待广大教师在大学英语教学中不断深入探索。

第四节　线上线下协同教育模式下英语课堂学习焦虑

关注"互联网+"时代背景下线上线下协同教育模式中英语课堂教学中学生们出现的焦虑现状，分析了导致英语课堂学习焦虑的原因，并提出了降低英语课堂学习焦虑的若干策略，为英语教学提供可操作性的建议。

人类的生产与生活，因为互联网技术的飞速发展产生了深刻的变化。李克强总理在2015年的政府工作报告中首次提出了制定"互联网+"的行动计划。这个"+"，意味着互联网将与各个产业相融合，产生新的运行模式，推动各行业的发展与创新。"互联网+"带来了一场全新的信息革命，成为各个产业改革的动力。"互联网+"教育意在借助以互联网技术为代表的现代教育技术力量推动教育改革。"互联网+"教育为教育行业带来了巨大的变革和创新，传统的教育模式和教育观念正面临前所未有的冲击和挑战，这是时代发展的必然，也是教育发展的新方向。

一、"互联网+教育"的背景与内涵

《教育信息化十年发展规划（2011—2020年）》中明确提出"扎实推进信息技术与教育的深度融合，实现教育思想、理念、方法和手段全方位创新"。2015年7月，国务院颁发了《关于积极推进"互联网+"行动的指导意见》，其中明确提出"要鼓励互联网企业与社会教育机构根据市场需求开发数字教育资源，提供网络化教育服务。鼓励学校利用数字教育资源及教育服务平台，逐步探索网络化教育新模式，扩大优质教育资源覆盖面，促进教育公平。鼓励学校通过与互联网企业合作等方式，对接线上线下教育资源，探索基础教育、职业教育等教育公共服务提供新方式。推动开展学历教育在线课程资源共享，推广大规模在线开放课程等网络学习模式，探索建立网络学习学分认定与学分转换等制度，加快推动高等教育服务模式变革。"从中我们不难看出，教育行业与互联网的融合，是一种创新的思维方式，这会产生一种创新的教育形态，也会为教育改革带来了机遇。"互联网+"教育涉及多领域多方协同共建，对教育的改变也将是多层次的。陈丽教授将"互联网+"教育定义为"特指运用云计算、学习分析、物联网、人工智能、网络安全等新技术、跨越学校和班级的界限，面向学习者个体，提供优质、灵活、个性化教育的新型服务模式"。随着教育信息化的推进，我国教育在基础设施建设、软件资源与师资培训等方面发展迅速。云计算、移动互联、大数据和人工智能等技术在教育领域的应用不断深化。微课、慕课等教学网络平台的开发，翻转课堂的利用和智慧校园创建，也使得教育的方式呈现多样化，个性化和泛在化。

二、线上线下协同教育

线上学习资源的多样性。互联网时代网络与科技的高速发展丰富了人们的学习方式。网络中充满了各式各样海量的信息，这些信息的传播没有时间和空间的障碍。先进的科技也给学习者带来了新鲜的多感官全方位的交互体验，在线学习作为一种新的学习模式为越来越多的学习者接受并使用。目前互联网上的线上资源有微课、慕课（MOOC）、私播课（SPOC）。2016年被称为"知识付费元年"，知乎、果壳、喜马拉雅FM、得到等无数个知识平台诞生，知识付费的用户迅速增长。

现在高校中应用较为广泛的是微课和慕课。我们给"微课"（或者称为"微课程"）的定义是："微课程"是指时间在10分钟以内，有明确的教学目标，内容短小，集中说明一个问题的小课程。微课短小精悍，主题突出，在教育领域得到快速的传播和广泛的应用[12]。教育部全国高校教师网络培训中心平台上展示了上万件制作精良的微课作品，推动了高校教师专业发展和教学能力提升，促进信息技术与学科教学融合，搭建了高校教师教学经验交流和教学风采展现的平台。大规模在线开放课程（Massive Open Online Cource）简称慕课（Mooc），发端于美国。2012年，"MOOC元年"开启之后，慕课迅速在全球升温。据不完全统计，截至2017年8月，全球慕课数量达到6000门，中国的慕课数量达到1700门。

爱课程网上推出了中国大学MOOC，中国职教MOOC，中国大学选修课等若干的线上开放课程。江苏省教育厅也与爱课程网站共同创建了江苏省高校在线课程中心，这个在线教学平台目前已有本科类课程346门，高职类课程133门。其高职类课程中上线了我校多门课程如：《设计素描》《建筑结构》《建筑装饰施工图绘制》《钢结构工程施工》《混凝土结构施工》《实用英语Ⅰ、Ⅱ》《思想道德修养与法律基础》等。2018年我校的《建筑装饰施工图绘制》与《钢结构工程施工》被教育部认定为国家精品在线开放课程。另外，我校还与超星公司合作建设了本校的网络教学平台，用以展示我校近年来的校内竞赛获奖的教学微课作品，以及各个二级学院的教师团队制作的在线开放课程，便于我校教师学习观摩和学生们的导修辅学。

我校在爱课程网上推出的省级在线开放课程《实用英语》(Ⅰ、Ⅱ)，是为我校公共基础课《大学英语1》和《大学英语2》制作的配套线上课程，授课对象是大学一年级学生，在第一学年的两个学期进行，每学期持续15周。在线开放课程制作与讲授，皆由本校担任这门课程的中青年任课教师承担。他们身处教学一线，积累了一定的教学经验，熟悉教材，并且信息素养较高，可以利用信息技术与课程进行整合。每一个单元的课程根据单元框架结合教学目标，教师团队制作了若干个长短约十分钟信息集中、重点突出的微视频和课件。学生不仅可以观看微视频，还可以查阅内容翔实的课件。《实用英语》在线开放课程为学生提供了生动多元的文化环境，有利于学生进行课前预习，线上师生和生生交互讨论，课后练习与测试。在线开放课程的使用为学生们提供了优质资源，剔除了信息冗余，提高了学习质量和学习效率。

12　秦秀白，张凤春. 综合教程3(学生用书)[M]. 上海：上海外语教育出版社，2014.

线下课堂教学的不可取代性。慕课以新型的教学理念为基础，借助互联网发展和移动智能技术之长，迅速发展成为高校教学中一种常用的教学模式。而慕课的发展并不能取代传统的线下课堂教学。线上的慕课与线下的课堂教学相结合，优势互补。

首先，课堂教学中教师的衣着、身体语言、眼神的交流，对于学生们来说，都是无形的信息，这无疑是言传身教的魅力。这是在线观看视频，对着冰冷的屏幕观看数字资源无法得到的。

其次，线上的数字资源提前制作，具有时间短，针对性强的特点。但它无法根据学生们现有状态随时做出调整。课程的教授应以学生为中心，符合学生现有的需求。而课堂教学则可以根据学生的状态灵活机动随机调整。

再次，线上资源时间短，呈现碎片化趋势，无法针对某学科中的某项知识进行系统的梳理，从而让学生有"只见树木，不见森林"的感觉。而课堂的教学时间相对较长，教师能带领学生对某个知识点进行系统有条理的梳理，更利于学生知识系统的建构。

线上线下协同教育构建英语课堂。2018年11月教育部高教司吴岩司长在第十一届"中国大学教学论坛"上题为"建设中国金课"的报告中指出，要充分重视课堂教学这一主阵地，努力营造课堂教学热烈氛围。要合理运用现代信息技术手段，积极推进慕课建设与应用，开展基于慕课的线上线下混合式教学。我校一贯重视在线开放课程建设与应用工作。先后立项建设高清录播室、智慧教室等现代化教学场所。教务处对课程平台进行细致规划，对课程建设做好精准服务。采用项目立项模式，构建国、省、校三级在线开放课程建设体系，明确课程建设目标、课程建设流程和保障措施，组织课程建设研讨会，提升在线开放课程建设的水平和质量。截至目前，我校在课程平台上线的在线开放课程已有200余门，单门在线课程最高访问量超过560万人次，有力地推动了线上线下混合式教学等教学方式变革。

线上平台提供的丰富资源，智慧教室的推广应用，使学生学习知识的方式与学习环境发生悄然的变化。如今中国在线教育用户总数突破2亿人。统计显示，微信等热门应用程序是中国学生接受线上教育的重要途径，通过智能手机接收在线教育服务的用户较去年增加63.3%，约占用户总数的96.5%。

教学模式和教学环境的创新，也使课程评价随之发生改变。我校大学英语的考评方式从原来的30%平时成绩+70%期末卷面成绩调整为30%平时成绩+20%慕课平台学习反馈+50%期末卷面成绩。这种创新型的多元化综合评价有诸多优点。教师对于学生学习过程观察性考核可以客观地反映学习者的学习态度，教学网络平台的测试数据详细客观地记录了学习者的学习状况，而期末考试闭卷统考的终结性测试则侧重于学生真实学业水平的考查。

三、线上线下协同教育模式下的英语课堂学习焦虑现状

以互联网、云计算、大数据等为代表的现代信息技术，已然对教学方式、学习方式、学习资源、学习环境、师生关系等产生了重大影响。随着科技的不断进步，网络覆盖校园，智能终端进入课堂。学生获得知识的途径多元化，教师利用网络采用线上线下协同教育模

式。但课堂教学中学生的学习焦虑却依然存在。课堂中经常会出现"尴尬的"沉寂和"低头族"现象。教室里容易和老师产生互动,得到老师关注的座位成为边缘座位,如距离讲台较近的前几排和过道两边的座位,通常这些座位都会成为闲置座位。因距离和设置而产生交流障碍和关注度较弱的边缘座位反而成为抢手座位,如教室后排座位和靠墙的座位,以及教室中间因课桌联排老师无法进去的座位。另外,课堂问答环节,学生会因羞涩、紧张、害怕而低头或挠头的动作,回答问题声颤或音小,甚至有些学生会手心冒汗,心跳加速。联通主义认为,焦虑情绪是影响学习者建立主题和课题连接的六因素之一。这也与美国语言学家 Krashen(1982)提出的情感过滤理论不谋而合。他的二语习得理论了影响各层次综合英语教学的发展的。Krashen 也认为,当在没有焦虑的环境下,有足够的机会有意义地运用目标语时,最有利于二外习得。而上述这些课堂现象都是学生在英语学习过程中焦虑情绪的体现,无疑会对其英语学习产生负面影响。

四、协同教育模式下降低英语课堂学习焦虑的策略

学校管理层面。学校管理层面应建立全面科学的课程评价体系,这对于学生的学习有着良好的反拨作用,能够促学促教。课程评价内容不仅要将课程的知识特点与人才培养模式相结合,还要考量"互联网+"背景下线上线下相结合的协同教育模式,科学地划定线上课程和线下课程的考评权重。虽然我校的学生总评成绩已经随着教学方式的改变做了一些调整,将在线开放课程也纳入考核的范围。但考核评价主体相对单一。考核的主体可包括教师、学生群体、学生个体和数据平台这四个方面。学生群体的评定有利于促进团队合作,确定平时团队项目中学生个体的贡献。学生个体自评引导学生加强个人反思。目前数据平台的数据只有在课程结束时才反馈给教师。数据平台数据的滞后反馈造成教师对于学生线上课程学习情况不甚了解,学生出现的倦怠情绪和学习中的问题得不到关注和解决。因此要利用网络的即时性,及时将数据反馈给教学双方。

另外,考核评价体系的构建应基于课程教学模式和人才培养模式,充分考虑到学生地区差异和个性化差异,尤其是要考虑到新生的适应性问题。大一学生在报考的江苏省高等学校英语应用能力考试(三级)时,A 级和 B 级可以自由选定。对于报考较难的 A 级的同学可以采用单项奖励,或奖学金评定中单项进行加分,或者采用免修一门公共选修课程的方法进行鼓励。并且二级学院要定期阶段性地组织师生教学研讨促进会,保持师生间教学反馈渠道畅通,使问题可以及时得到关注与处理。

教师层面。首先,教师应树立主导-主体相结合的教育思想所倡导的教学观念,既要吸纳传递-接受的优点,又要吸纳自主探究的长处,即在奥苏贝尔教学理论和建构主义学习理论指导下形成的有意义的传递与教师主导下探究相结合的教学观念。对于教师设置的任务,学生们有些可以积极参与,也有些会消极不合作。课堂上出现这种现象,教师要善于调节自我情绪,不能武断地、机械化地统一要求。每个学生都是独立的个体,基础差异和个性差异客观存在。这种现象在所难免,不必强行要求所有学生全情投入全部完成。教师要尊重学生的个性,注意维护学生的自尊。教师要能够转变角色,以学生为中心,及时

体察到学生的隐形情绪,加强对男生群体的关注。教师的纠错一定要考虑环境和方式方法,在纠错的同时也许考虑到学生所付出的努力。适时更新教学理念,多反思教学环节,灵活机动的采用多种授课方法,以减少焦虑情绪,调动学生的积极性,保持通畅的师生交流与和谐的师生关系。

其次,教学媒体的变化最明显,而教学方式的变化相对缓慢。在线课程的设计不能是课堂讲授的照搬。那样仅仅是"换汤不换药"。基于网络的联通模式为合作探究与分布式认知发展创造了条件,联通主义学习正好体现了"从关系中学、从合作探究中学"和"分布式认知"等全新观念。可见,这种教育环境有利于合作精神与合作能力的培育与成长。教师应精心设计在线课程的教学内容,为学生搭设脚手架,给学生们的合作学习与知识体系建构创建良好的基础。

再次,教师在增强信息素养的同时,还要注重对学生信息素养的培养,以适应线上线下协同教育的教学模式。教学中教师不仅要关注结果更要注重过程的引导,可以利用智慧教室中的投屏功能,不仅可以向学生展示教学课件,还可以投放教师的手机屏幕。这样教师可以示范并指导学生利用手机学习软件,搜寻相关的信息。教师教授的就不仅仅是语言点和某个知识点,而是展示作为学习者知识获取的途径。这样学生学习到的就不仅仅是某个课程中的知识点,而是逐渐学会遇到相似的问题如何在互联网上寻找解决问题的方法,逐渐培养学生甄别信息,获取优质资源的能力。

学生个人层面。首先,学生应逐渐学会自我心理的构建和调适。可将大目标划分为小目标。本学期大目标如大学英语三级考试未过,但小目标的完成也是自我的成长标志。虽然没有拿到奖学金,可是考试中没有挂科。或者虽然挂了科,但是没有作弊,经受住了品格的考验,内心坦然。挂科并不意味着人生的失败,可以通过补考或者重修来弥补。面对生活中的不如意,要学会自我鼓励和心理调适,不和自己或他人找别扭。开阔心胸,增长自信,坦然积极地面对生活中的困难。

其次,学生应发展批判性思维,加强自控能力。现代知识社会中,充斥着各类信息。互联网是双刃剑,提供了很多的信息资源。但其中也充斥了很多劣质的资源。但是如何对信息进行去伪存真,去粗取精获取优质信息,这要依靠自己的批判性思维,多问自己的问题,多和同学探讨,多向老师求教,才能获取的。"学问"就是靠问询、讨论、比较才能学到的。同样,智能手机进入课堂,不少"低头族"因自控能力差,未能抵抗手机娱乐诱惑,智能手机反而成为课堂专注听讲的障碍。

另外,学生应加强信息素养提高自主学习能力。"互联网+"时代要求学生具备一定的信息素养,以适应新型的学习方式。不少学生尚未改变依赖的心理。

父母的支持。进入高职院校,学生来自天南海北,任课教师几乎接触不到学生家长。可以通过辅导员与父母搭建的沟通渠道,及时反馈问题。不仅可以使家长对学生的生活多些了解和关注,亦可对于学生克服课堂焦虑的起到积极作用。

随着人本主义心理学的发展,我国外语教学的中心逐步从教师、教材转向学生,第二语言习得焦虑越来越受到研究者的广泛关注,对于该领域的研究呈动态增长趋势。但国内对于英语课堂学习焦虑的研究对象多集中在英语专业的本科及研究生群体,或是非英语专业本科生群体。我国大学生总数中高职学生约占一半，而这部分群体的英语水平偏低，学习焦虑现象较为普遍。大学英语是高职高专院校学生必修的基础课程。并且，英语成绩的高低决定专科学生将来能否通过参加"专转本"或"专升本"考试，升入本科院校接受学历深造。因此，研究高职高专院校大学英语线上线下教学模式中英语学习焦虑现状，可以为一线教师提供理论依据和实践参考，帮助解决学生们目前所面临的学习困难，从而有效提高英语教学的质量。

第五节　基于MOOC的高校英语"线上线下"混合式教学

在信息技术时代背景下，"线上线下"混合式教学模式应运而生。目前大学英语混合式教学仍停留在传统的以教师为中心的教材配套资源+课堂教学的模式，但在"互联网+"背景下，混合式教学模式应依托优质的网络教学平台作为创新发展的基石。文章基于MOOC平台，在剖析我国高校大学英语"线上线下"混合式教学模式现状的基础上，构建出适应于大学英语课堂的"线上线下"混合式教学新模式，指出开展混合式教学模式的内外保障条件，以期为高校大学英语"线上线下"混合式教学模式提供新思路。

在信息技术发展的推动下，逐渐涌现出诸多新的学习环境与学习方式，基于互联网环境下的教育思维、理念、方法也在推陈出新。国家高度重视信息化教育教学工作，先后制订《国家中长期教育改革和发展规划纲要（2010—2020年）》《教育信息化十年发展规划（2011—2020年）》《教育信息化"十三五"规划》《教育信息化2.0行动计划》等一系列文件。由此可见，扎实推进教育信息化发展，是新时代下我国教育改革发展的重要战略选择。

《教育信息化2.0行动计划》中提出："提升慕课服务，汇聚高校、企业等各方力量，提供精品大规模在线开放课程，达成优质的个性化学习体验。"MOOC（massive open online courses）就是在信息技术背景下新时代的产物，它开启了"互联网+教育"的新模式，突破传统的时间、地点、空间的限制，提供一种全新的学习方式和多元化知识传播模式。而"线上线下"混合式教学模式，是将网络在线教学与传统线下教学的优势结合在一起，通过两种教学组织形式把学习者的学习由浅到深地引向深度学习。

大学英语作为大学通识教育的基础课程，对当代大学生的未来发展与英语创新思维的培养具有现实意义和长远影响。本节基于大学英语课程混合式教学模式的教学现状，将"线上线下"混合式教学与优质的MOOC网络教育平台互动融合发展，构建出基于MOOC的大学英语"线上线下"混合式教学新模式，营造以学生为主体的多元化大学英语课程教学环境，并提出高校大学英语课程开展混合式教学模式所需的保障条件，以期为高校大学英语课程混合式教学提供借鉴，培养出具有国际视野的大学英语人才，帮助学生在大学英语课程中朝着自主学习和个性化学习的方向发展。

一、基于 MOOC 的大学英语混合式教学现状

（一）基于 MOOC 的大学英语混合式教学成效

1. 大学英语课程教学活动主体的转变

在大学英语混合式教学的线上教学阶段，学生通过课前观看教师上传的 MOOC 教学视频来进行自主学习，教师在 MOOC 平台中针对学习者线上自主学习提出的问题进行答疑解惑，不仅加强了师生的互动，而且帮助学习者在大学英语课程中由被动到主动参与教师教学活动的转变。在大学英语混合式教学的线下教学阶段，教师改变传统大学英语课堂中填鸭灌输式的教学方式，转变为以学生为中心，多种课堂教学活动并存的授课形式，大学英语课程由"教—学"转变为"学—教"的模式，真正做到以学生为主体开展大学英语教学活动。

2. 大学英语课程教学效果的提升

基于 MOOC 的大学英语混合式教学为学习者提供了个性化学习的可能，突破了传统大学英语课堂缺乏互动教学、统一进度教学的局限性，实现了参与式、探究式、自主式学习方式，为大学英语课程增添了趣味性，提高了学习者的学习兴趣，从而产生教学共振。以往的大学英语课程无法做到兼顾每一位学生的英语学习状态，而现今学生在 MOOC 平台中可以按照自己的节奏进行线上课程的自主学习，教师通过 MOOC 后台掌握各班级学生的线上自主学习情况，更有利于开展后续针对性教学[13]。除此之外，教师在 MOOC 平台得到的反馈信息也较为真实准确充分，学生在论坛中可以选择匿名发表观点，提出意见，教师通过平台数据的反馈信息有效调整教学方法，也在某种程度上提升了教师的英语教学效果。

3. 大学英语课程评价方式多元化

基于 MOOC 的大学英语混合式教学的评价方式改变了以往传统的大学英语课程评价，充分发挥网络在线学习与传统课堂教学的优势，不再以终结性评价为主，更注重"线上线下"的形成性评价，依托 MOOC 平台、课堂活动的过程性评价使大学英语课程评价方式更加多元，学生不仅只关注课程最终考核成绩，而是在大学英语课程中通过各类教学活动培养了学生的合作精神、英语素养、创新思维。同时检验学生对某一部分英语知识的获得程度，是一种对学生"定性"的评价方式，有利于教师准确评价学生对这部分英语知识的掌握程度，进而有助于学校准确评估教师的教学价值。

（二）基于 MOOC 的大学英语混合式教学存在的问题

1.MOOC 平台缺乏有效管理与监督

基于 MOOC 平台的大学英语线上混合式教学需要学习者高度的学习自觉性，在 MOOC 网络教学平台上，不存在督促学习者完成学习计划的管理者或是监督者。课程本身有教师制定的课程结束时间，学习者需要规划好自己的线上大学英语课程学习时间，及

13　王允庆，孙宏安 . 高效提问 [M]. 高等教育出版社，2016.

时观看大学英语课程教学视频，完成章节习题、论坛讨论、阅读英语材料等其他任务。许多学习者缺乏自我管理、自我约束、自我监督能力，没有合理规划好线上学习时间，无法在有效时间内完成MOOC大学英语课程的观看或无法通过大学英语课程考试，线上大学英语课程则被系统判定为不合格，学习者则需要重新补修课程。

2.MOOC平台教师与学生互动模式单一

虽然MOOC平台建立了教师与学生线上沟通的桥梁，但多限于单方面互动，在平台中教师与学生的互动模式也较为单一，缺乏师生双向有效互动。例如学生针对大学英语课程在讨论区提出疑惑或建议，许多教师会招募助教帮助完成平台的日常工作细则，教师往往不能及时查看并给予学生答疑，难以及时跟进学生的学习动态，在一定程度上影响了学生的学习效果。许多学生在讨论区的发言是为了获得模块得分，从而提出无效问题，不利于师生的双向有效互动。

3. 教师缺乏混合式教学系统培训

基于MOOC的"线上线下"混合式教学对于教师的信息化素养有更高的要求，教师不仅要学会制作MOOC视频资源，还应懂得MOOC平台中基本的维护与管理工作，在线上为同学们答疑解惑，这些活动的开展离不开教师的信息素养技能与教学资源整合的能力。而现今高校能够熟练应用MOOC展开大学英语教学的教师较少，教师缺乏混合式教学系统的培训，以至于线上教学活动不能有效高质量地顺利进行，使得大学英语课程的教学质量难以得到质的提升。

4. 课程考核评价主体仍以教师为主

现今许多高校大学英语课程考核已采用多元化评价方式，评价的方式不再为单一的终结性评价，更为注重"线上线下"的过程性评价与形成性评价，但大学英语课程考核评价的主体仍以教师为主，教师通过学生"线上线下"讨论参与度、签到出勤率、提交的作业、小组展示、课程考试来整合出这门课程的分数，虽然评价方式更具多元，但是评价的主体仍以教师为主。在大学英语课程考核评价中可以采用学生自评、互评、教评的方法给出评价与反馈，学生在自我评价与给他人评价过程中准确定位，有益于学生查缺补漏，构建出更为科学合理多元的课程考核评价体系。

三、基于MOOC的大学英语"线上线下"混合式教学构建的原则

（一）全面发展性原则

《国家中长期教育改革和发展规划纲要（2010—2020年）》提出要培养大批国际化人才，国际化人才首先需要具备熟练应用外语的能力，还需要具有国际视野、英语创新思维、英语综合运用能力、适应社会行业发展的需求。基于MOOC的大学英语混合式教学模式的构建需要以学生的全面发展为目标，教师的教学过程不能仅限于基础语法知识的传授，而是注重学习者英语"听说读写译"能力的提升、学生自主学习习惯的培养、学生运用英语处理实际问题的能力、小组协同合作能力等方面的发展。

（二）互动参与性原则

混合式教学模式的构建需要实现各个主体之间的互动，也就是学生与教学资源之间、学生之间、学生与授课教师之间的互动交流。基于 MOOC 平台的线上混合式教学不仅需要满足学习者和平台教学资源的人机互动，还需在模块设计中充分体现教师与学生之间的人人互动。在线下混合式教学中教师应灵活运用适合于大学英语课程的合作、探究、情境式等教学方法，帮助学生主动参与到大学英语课程的学习中。

（三）学生主体性原则

传统的大学英语课堂往往是教师占领主导地位，忽视了学生的主体地位。而基于 MOOC 的大学英语混合式教学模式的构建中，教师在进行教学设计前要对教学要素进行全方位的前期分析，例如对学习者特征、教学目标、教学内容、教学策略、教学环境的整体分析，设计出适合学生的 MOOC 教学视频，运用能够最大限度发挥学生主体性的教学方法，从而调动学生在大学英语课程中的学习兴趣。

（四）实用媒体性原则

教育心理学研究提出：五种感官在人类学习中，听觉与视觉占据重要地位，分别占比 11%、83%。所以教师在设计大学英语 MOOC 教学视频时，需要把握学习者多感官的交替刺激，充分调动学生的学习效能，在呈现的教学视频中，知识点内容的阐述要言简意赅，过度冗余的内容不利于学习者知识点的建构。在课中媒体的运用，还需注重媒体运用的适度性，教师应结合本节课讲授的内容，并考虑到学习者的接受能力来进行组合优化应用。

四、基于 MOOC 的大学英语"线上线下"混合式教学模式的构建

混合式教学模式是学生线上自主学习与线下教师课堂授课的有机整合体，并且在整个教学过程中也离不开网络技术环境与课堂授课环境的支持，因此，学生、教师、网络技术、学习环境与线上线下资源整合方式是混合式教学的五大要素。所以本节以混合式教学的五大要素核心进行融合，对教学要素进行前期分析，将基于 MOOC 的大学英语混合式教学模式分为线上教学阶段、线下教学阶段、教学评价阶段来构建。

（一）大学英语线上教学阶段

首先，教师在授课前要制作 MOOC 教学视频，在设计大学英语教学视频时，首先需要分析学生的学情、制定教学目标、选择教学策略，设计大学英语课前学习任务单，帮助学生在线上自主学习阶段对单元有整体的感知。MOOC 教学视频与传统线下授课时长不同，MOOC 教学视频应把每周授课时长控制在 2～4 小时之间，每周的教学视频划分成若干小单元，每个短单元时长在 6～10 分钟为宜。其次，教师在设置 MOOC 线上教学模块时，可以在 MOOC 视频中嵌入简单的随堂测试，随堂测试的目的是测试学生的掌握程度与提醒学生保持注意力，此类题目应简单明了。在前期 MOOC 线上教学准备工作完成后，助教可通过 MOOC 平台给各班级学生发放学习通知。再次，设置学习讨论区，在讨论区中学生可以针对教学视频提出疑问，对教师的 MOOC 教学过程进行评价，还可以帮助班

内其他同学解惑答疑。助教通过查阅讨论区的信息帮助教师筛选出有效的反馈信息，教师根据反馈信息及时调整自己的教学方法，更好地把握教学重难点。最后，布置单元作业与考核，阶段性的单元在线授课后，依据此单元的视频课程设置单元作业或单元考核，并且设定最后提交的日期，如果超过截止日期，作业或考核便不能提交，学生也就不能获得对应的分数。

（二）大学英语线下教学阶段

学生动态的、个性化的学习需求是影响课堂教学的重要因素，所以教师在课堂授课前应对学习者线上自主学习情况进行诊断分析，以便后续开展有针对性的教学活动。课中基于MOOC的线下教学阶段，首先，师生对课前MOOC线上自主学习深入交流，教师用集体讲授的方式对学生在MOOC平台上的疑问相应做出解答。接下来按照课前分好的活动小组，开展多种形式的教学活动，如英语词汇打卡积分、英语情景模拟展示、英语主题辩论赛、英语电影配音、英语头脑风暴问答等教学活动形式进行小组合作互动学习，教师灵活运用合作、探究、项目式等教学方法充分发挥学生的主体能动性，培养学生的创新英语思维与协同合作意识。最后，教师根据学生活动展示情况予以指导与评价，并做好本节课的知识总结，布置课后知识点复习巩固作业，发放下一个单元的课前预习任务单。

（三）大学英语教学评价阶段

"线上线下"的混合式教学模式的评价质量体系由线上教学平台、教师、学习者及其教学评价共同决定，而线上教学平台的辅助支持体系、学生线下的自主学习、教师的及时答疑与高质量的教学设计以及贯穿于整个学习过程的评价考核体系是混合式教学模式不可或缺的组成部分，所以，建立一个完整的多元化评价体系有助于混合式教学模式的高质量有效实施。"线上线下"大学英语课程评估主要包括：线上MOOC网络学习记录（50%），课堂考勤（10%），课堂活动展示与评价（25%），作业、练习、测试（15%）。将形成性评价、过程性评价、终结性评价贯穿于大学英语混合式教学的全过程，终结性评价不再占据课程评估中的主要部分，其中课堂活动展示部分的评价采用学生自评、生生评价、教师评价三方评价机制，更为科学有效。

五、基于MOOC的大学英语混合式教学的保障条件

混合式教学模式的有序运行与开展需要各类部门、各类组织、各类人员的协同参与实施，基于MOOC的大学英语混合式教学的保障条件主要分为外部保障条件与内部保障条件。

外部保障条件主要由政府部门及相关社会机构主体组成，政府部门主要通过出台教育信息化相关政策、给予教育信息化专项资金拨款、信息化教学项目实施与评估管理等多种途径引导高校混合式教学的发展，优化高校大学英语课程体系与人才培养方案，紧跟时代发展的潮流，督促高校将信息技术真正应用到大学英语常规教学中，培养出具有国际化视野、英语创新思维和综合运用能力，适应社会行业发展需求的国际化人才。相关社会机构主要是各类教育行业与教育企业，为高校混合式教学的开展提供网络在线平台，与高校共

同开发精品在线课程,培训高校大学英语教师相关专业混合式教学授课模式的教学方法。

内部保障条件的主体实施者为高校与教师,内部保障条件可从三个方面来支撑大学英语混合式教学模式的有效运行。一是教学管理部分,建立教学管理人员、互联网技术人员、教师、学生的教学管理系统。教学主体管理人员主要管理校内在线教育教学的工作规章制度与混合式教学评价体系的建设,如在注册 MOOC 账号时,需要管理员统一将教师账号信息反馈给 MOOC 平台运营人员完成赋权创建课程,选择设置课程负责人并填写相关课程信息;互联网技术人员主要负责网络在线平台的运营与维护工作;教师则需登录 MOOC 平台注册 MOOC 账号激活,并完善个人信息。在大学英语混合式教学中,教师应充分应用移动网络教学平台展开教学,积极参与大学英语课程建设,主导学生为主体的教学理念,参与大学英语混合式教学培训,不断提高自身的信息化素养与英语专业教学水平;学生需要注册 MOOC 账号,填写本校信息认证,并根据教师发送的选课通知选定课程,在规定时间内进行线上自主学习。二是教学资源管理部分,也就是开发建设本校大学英语课程的相关教学资源,如 MOOC 平台的大学英语教学视频,院校可与 MOOC 平台签订合作协议,共享共建精品在线课程资源,学生可以跨校选修课程并且学分互认。三是教学实施部分,也就是教、学、管、评四位一体的教学实施体系,全面把握混合式教学实施的各重要因素的协同配合,保证大学英语线上线下混合式教学能够高效运转,最终使线上线下混合式教学逐渐衍生出广泛接受的集成式教学模式。

"互联网+"背景下,传统的教学模式已经不能适应当下信息化时代的教学要求,而"线上线下"大学英语混合式教学模式是大学英语课程教学改革的必然趋势。基于 MOOC 的混合式教学模式是大学英语课程新的发展方向,当下大学英语教学的关键在于传统面授教学与信息化网络教学手段的整合,促进第一课堂与第二课堂的协同发展。在大学英语课程教学改革的道路上,应进一步在 MOOC 的混合式教学中不断创新实践探究,在大学英语课程教学中焕发生机,以促进大学生英语素养的全面提升。

第六节 基于在线直播课的高校英语"线上线下"混合式教学

信息技术的快速发展,为大学英语教学改革提供了更多的方法选择,传统的现场课堂教学已不能满足新时代学生的学习需求。文章基于在线直播课,在深入剖析我国在线直播教育现状的基础上,进一步阐述在线直播运用于大学英语教学的可行性,根据自主学习理论、远程学习圈理论、个性化学习理论、现代学习理论,探索出英语学习氛围浓郁,能有效实现实时互动,提供学生多模态表达,延伸学生学习范围的基于在线直播课的大学英语"线上线下"混合式教学模式,并提出模式实施的对策建议。

互联网、人工智能等新技术的不断发展和智能移动终端的迅速普及,以及新媒体技术的广泛应用，加快了信息化时代教育方式的变革，大学英语教学方法也变得多样化。2019年中共中央、国务院印发了《中国教育现代化2035》和《加快推进教育现代化实施方案（2018—2022年）》，提出加速推进教育现代化，利用现代技术推动人才培养模式变革，建设智能化校园，促进教育公平，提高教育质量，优化教育结构。《教育部关于全面提高高等教育质量的若干意见》也提出"创新人才培养模式，创新教育教学方法，倡导启发式、探究式、讨论式、参与式教学"。在"互联网+教育"背景下，混合式教学应运而生，最早提出混合式教学的何克抗教授认为，混合式教学是未来教育发展的主要方向。

混合式教学模式（Blended Learning Model）是整合传统课堂教学与网络学习的优势，弥补传统课堂教学的不足，伴随教育信息化的发展而产生的一种新型教学模式。其具有灵活性和便捷性，教学方法多样化、教学资源丰富性，互动交流渠道多样等特点。在教学中采用"线上线下"混合式教学能较好地体现"以学生为主体，教师为主导"的教学理念，发挥教师引导、督促学生学习的作用，学生学习不再受时空限制，促进学生自主学习，达到最佳的教学效果，提升教学质量。近年来，混合式教学成为大学课程教学改革的研究热点，在众多信息化技术中，学者们围绕MOOC、SPOC、翻转课堂、微课、雨课堂等开展混合式教学的实践探索。但目前，基于在线直播课的混合式教学研究较为缺乏。基于此，本节尝试利用新媒体技术，探索基于在线直播课的大学英语"线上线下"混合式教学模式，以期为促进大学英语教学模式创新，提升大学英语学习效果提供新路径。

一、在线直播教育发展现状

（一）在线直播教育发展现况

在线直播的出现得益于娱乐产业的蓬勃发展，具有碎片化、社交化、移动化的特点，内容丰富、交互性强，不受时空限制，能有效弥补录播视频缺乏互动的缺陷。目前市面上比较热门的在线教育直播平台有YY教育、学而思教育、多贝网、腾讯课堂、掌门1对1等，这些在线教育直播平台都具备视频、语音、PPT、图片、分屏演示、讨论等功能，能满足当今时代学生学习需求。2019年中国互联网中心（CNNIC）发布的第43次《中国互联网络发展状况统计报告》显示，截至2018年12月，中国在线教育用户规模达20123万人，在线教育用户使用率达24.3%，较2017年底增加4605万人，年增长率达29.7%，其中，用手机参与在线教育课程的用户19416万人，与2017年底相比增长7526万人，年增长率高达63.3%，这说明在线教育在我国处于快速发展阶段。

在线直播课是借助网络直播平台展开的一种在线课程学习模式。国内较早尝试运用在线直播进行大学英语教学的是上海外国语大学冯庆华教授，2013年其在同济大学讲授《翻译有道》时，运用信息技术手段直播授课内容，吸引了多所高校学子跨校同步学习，这种"线上线下"混合式学习模式，一经推出便备受关注。

目前，在线直播课主要依托APP、网页、客户端这三种方式呈现教学课程，使用在线直播平台开展教学的教师，在平台上建立自己的直播间，学生可以灵活选择授课时间与课程内容，进入在线直播教室，远程学习知识。伴随着网络直播技术的成熟，这种新型的教学方式，使教学过程变得更为便捷，不仅营造了课堂氛围，还能实现实时师生互动，获得越来越多学生的关注和支持。黎静认为在线教育在课前、课中和课后三个阶段中发挥了不同的作用，在课前，教师主要是根据教学目标提出预习内容，学生自行完成学习任务，预览学习内容、思考问题，在直播课中，教师构建网络化学习情境，进行重难点讲授，引导学生探究学习，互动交流，在课后，教师组织学生拓展练习，固化所学知识。在线直播教育开展的利益相关体对在线教育的关注点有所不同，教师群体主要关注如何结合传统课堂教学，设计在线教育的教学方式与教学活动；学生群体关心是否在线教育会增加学习负担；而家长们则担忧在线教育是否会对孩子产生负面影响；教育管理部门则关注教育体系的构建，在保证在线教育有效运用的前提下，转变教与学的形式，提高教学质量。

（二）在线直播教育发展存在的问题

1.学习者的积极性与参与度不高

相对于传统的课堂，在线直播课程为学习者提供了较为丰富的学习资源，自由性比较高，对学生的管束、限制也比较少。所以，在一定程度上要求学习者具备较强的自制力，而在学习者群体中，只有少部分学习者拥有较强的自制力，大部分学习者自我约束力和自我控制力较弱，参与在线直播教育课程的积极性不高，能按时参与在线直播课程的学习者人数较少，在直播课堂上，还是以学生听课为主，师生交流互动不太频繁，课堂参与度低，导致完成在线直播课程的质量亦较低[14]。

2.不同课程内容参与人数存在较大差别

在线直播教育的在线人数与直播课程内容关联度较高，在第一次上课时，实际在线人数往往较多。学生在接受一定授课内容后，能根据自己的学习状况，有针对性地选择自己相对薄弱的课程内容和感兴趣的知识点，参与在线直播学习，而对于已经掌握的知识点，则选择不参与，这容易导致不同课程内容参与人数此起彼伏，变化较大。

3.在线直播课堂教学氛围难以控制

在线直播课即便是通过网络平台进行授课，师生不在同一空间，但是同样能像传统课堂一样，营造出课堂氛围，构建虚拟教学环境，师生直接进入在线直播教室展开教学。在线直播课的课堂主要是由教师进行控制，在线直播教学过程中，是否能营造出活跃的课堂气氛，呈现较好的教学效果，主要取决于教师教学水平的高低，教师的教学风格，以及教师是否有精心备课。如果教师没有提前了解学生的思维水平和知识点的理解程度，就难以因材施教，调整教学以适应学生接受能力；另一方面也受学习者本身的专注度和自觉性影响。所以，在线直播课课堂教学氛围往往难以控制。

4.师生间有效互动难以做到及时性

相对于以往的录播课程，在线直播课具有实时互动性，能拉近师生之间的距离，让学生感觉教师就在身边，可以直接交流互动。在线直播课的师生互动，在课前，主要是课前预习的指导；在课堂中，主要是学生对于知识点疑难的地方做出提问，或者设置课堂讨论环节，教师能当堂迅速解决；而课后，学生可能会遇到一些问题，会在学习讨论区向老师

---

14 赵周，李真，丘恩华. 提问力 [M]. 北京：电子工业出版社，2018.

提问，这就存在及时性问题，教师不可能24小时在线，难以时时与学生保持联系，给予学生及时快速的回复，再加上在线直播课堂面向的学生众多，当学生提问人数较多时，教师需要一定的时间去一一解决，导致师生间有效互动难以做到及时性。

二、基于在线直播课的大学英语"线上线下"混合式教学可行性分析

（一）教学方式三元化，可以实现以学生为中心的价值取向

传统课堂以教师为主体，学生在课堂学习中往往是被动地接受知识，而基于在线直播课的"线上线下"混合式教学，强调学生的自主性，核心在于学生的"学"而不是教师的"教"，其教学活动主要围绕学生的"学"开展，学生才是教学的主体，反映了以学生为中心的价值取向。相比于以往"填鸭式""灌输式"的大学英语教学课程模式，在线直播课的教学知识点辐射的范围广，其设计充分考虑学生的个体差异性。学生能自行调节学习进度，对于尚未完全掌握的知识可以回放之前直播课的录播，这种方式能有效缓解大学英语教学中学生水平差异问题。

此外，采用混合式教学模式，能提供多样化的学习方式，设计形式多样的学习媒体材料，供学生选择，学生可以自由选择学习环境和学习内容，灵活安排学习时间。在教学方法方面，这种混合式教学模式沿用传统课堂教学方法的同时，采用多样化的现代化信息教育技术手段，能实现教学方式的三元化，即满足个体自主式学习，群体协作式学习，师生互动的支助式学习。

（二）模拟真实情景，体验式英语教学更易被接受

在线直播课实际上是把传统的课堂在网络空间上呈现，现有的在线教学直播平台都具备举手、笔记、点赞、私信聊天、发布文字、图片、视频等功能。其中，"举手"这一功能和现实课堂的举手发言是一致的，在直播课上学生在平台上举手提问，教师即可及时答疑解惑，学生能获得实时反馈，形成互动课堂。库伯体验学习理论认为，体验学习是以体验或经验为基础的持续过程，教师不只是灌输新的思想，还要处理、修正学习者原有的经验。在直播课上，大学英语教师不再是简单的灌输知识，解答错题，而是借助视听化多媒体手段，构建模拟真实情景教学，使一些抽象概念具象化，引导学生理解并吸收知识，组织学生构建学习互帮小组，学习者之间可以在不同空间同频共话，一起练习英语口语对话。即便是把传统课堂迁移到虚拟空间，学生仍然可以看到教师的授课内容、开课时间等信息，整个教学过程是透明化的，更易被接受。

（三）互联网技术的成熟，为在线直播课提供技术支持

移动学习是未来教育的发展趋势，移动学习技术的成熟，学生们可以不再受时间、空间等因素的限制。5G时代的到来，网络速度加快，带来了高质量、更流畅的视频传输与通话体验，在线互动更便捷有效，可以随时答疑，教学与学习的体验更为真实，学习资源

的下载也变得更加高效，能极大地扩展教师在线直播课堂上的能力。而基于云的存储技术为学生和教师存储与分享学习资料提供便利，学生可以把关于直播课程的相关内容安全的存储在云上，教师则可以按班级将文件分类，随时查看学生作业，共享资源，使得基于在线直播课的混合式学习模式更为便利。云计算和大数据技术则能为在线直播课的教师收集数据，根据学生的作业、测试、出勤等，分析研究学生学习行为，调整教学策略，制定个性化学习课程。

三、基于在线直播课的大学英语"线上线下"混合式教学模式的构建

在借鉴已有相关研究成果的基础上，本研究依据自主学习理论、远程学习圈理论、个性化学习理论、现代学习理论等理论基础，探索出英语学习氛围浓郁，能有效实现实时互动，提供学生多模态表达，延伸学生学习范围的基于在线直播课的大学英语"线上线下"混合式教学模式。具体通过将基于在线直播课的大学英语"线上线下"混合式教学模式分为线上在线直播教学阶段、线下现场课堂教学阶段、综合教学评价阶段来构建。

（一）线上在线直播教学阶段

首先，教师以学生的需求为目标，根据大学英语的课程标准，选择合适的教学内容，不仅要涉及通识英语（EGP）教学，更要重视专门用途英语（ESP）的教学，合理设计教学，编写教学计划。然后，在教学直播平台上发布课程预告，上传课程预习资料至资源共享区，提醒学生自行下载，做好课前预习，引导大家学习。上课前，学生自行进行课前签到，教师在后台统计学生出勤情况；在大学英语课程在线直播教学中，教师围绕重难点知识进行授课并加以详解，学生交流英语展示；发布课堂练习题，开展课堂讨论互动。在讨论区内，学生有困惑的地方可以随时在讨论区进行文字输入提出，教师看到学生的反馈后，可以直接进行交流、解答，教师也可以开启学生语音功能，学生上麦发言；最后，在线直播课结束之后，教师布置作业，分享学习资料，学生存在疑惑或因特殊情况未参与直播学习的，可利用课余时间点播回放直播课程。此外，开设直播答疑教室，方便师生课下互动，也便于教师了解和掌握学生知识水平，根据"反馈原理"，结合在线直播教学及时调整教学内容。

（二）线下现场课堂教学阶段

奥苏贝尔的学习理论认为"学习者要具备一定的知识，以便与新知识产生关联"。学习是基于原有知识经验的构建，线下现场课堂的教学内容与线上直播课堂的教学内容要具备关联性，线下现场课堂教学主要目的是为学习者建立知识基础，以便在直播教学中与这些知识之间建立联系，更好地理解和接受知识，使学习者的学习圈更为有效地运作。教师以课程单元为一个整体，展开主题性知识的概述，邀请名师和外教进行授课，提高学生学习兴趣。在能力提升方面，教师进行听、说、读、写四个方面的示范、讲解，让学生组建学习小组开展练习，教师在现场及时纠偏，发现学生深层思维误区。最后，采用话题展示的教学形式，提供与大学英语相关的话题，组织学生团队学习，围绕话题进行话题讨论，

以话题为出发点，打破孤立的知识体系，引导学生积极探索知识之间的联系，深度思考，活化知识，以此提高学生交锋辩论能力，在运用知识中学习知识，在实践中顿悟与修炼，努力提升自我，实现体验中学习，达到知行合一。另一方面，也能增强学生与教师、学生与学生之间的交流互动，营造宽松活跃的课堂气氛。

（三）综合教学评价阶段

混合式教学模式的教学评价要求关注学习者的成长，实行定量评价与定性评价相结合的评价体系。基于在线直播课的大学英语"线上线下"混合式教学模式尝试从多维度观察学习者在教学中的表现，采用发展性教学评价，而不只是单纯关注考试分数。按照线上在线直播教学、线下现场课堂教学各占50%的比例，覆盖学生的全面表现，设计多维度评价体系，全面考查学生英语综合应用能力。线上在线直播教学评价由以下四部分构成：课堂出勤率（5%），在线学习（25%），在线讨论（10%），课堂任务（10%）。教师在直播平台上发布活动与资源时，设计经验分值，学生完成相应的活动或者下载查阅学习资源就可取得经验值，调动学生自主学习的积极性。线下现场课堂教学评价由以下四部分构成：课堂出勤率（5%），期末考试（25%），课堂活动展示与评价（10%），平时作业与测试（10%）。其中，主题讨论、话题展示环节，注重师生与生生间的评价，促进师生自我反思。另外，根据学生在课堂中展现出的协作能力与解决实际问题的能力，建立"课堂表现"加分制度，灵活开展教学评价。

四、基于在线直播课的大学英语"线上线下"混合式教学实施建议

（一）增加有效互动，营造良好教学氛围

大学英语课程具有侧重词汇语法讲解的特性，在直播教学过程中，教师必须做到吐字清晰、语速适宜，防止语音在传输过程中造成语音连片，对于关键的信息可以采用PPT、屏幕显示等途径展示。另外，由于在线直播课教学活动多样，教师要适时地切换，在互动环节避免进入空置等待状态，要根据学生反馈及时补充，把握师生互动和生生互动的时间，保证课堂的流畅性。同时，教师在授课过程中要及时总结与点拨，引导学生紧跟老师思维，运用新的教学理念创设情境，激发学生参与积极性和自主学习的意识。

（二）做好纪律约束，确保教学内容有效实施

教育直播与娱乐直播不同，不能过于庸俗化、娱乐化，教学内容必须严格按照教学大纲和课程目标进行。学生与教师要主动适应虚拟学习环境与现实课堂的差异，教师要增强在线直播课教学的魅力，让学生"学得进""听得进"，并做必要的教学纪律约束，让学生在直播中集中注意力，专心学习。

（三）组建教学团队，保障课程教学有效开展

教学改革光靠教师个人力量是难以推动的，组建教学团队是推进大学英语在线直播课的重要保障。一是联合英语专业教师，整合教师相关教学资源，发挥在线直播教学的优势；二是组建教师技术团队，提供技术保障，管理教学直播平台；三是组织学生教学助理团队，辅助教师开展教学。

本研究对在线直播教育进行了深入的分析与思考，分析了在线直播教育的现状，得出了具有一定参考价值的结论。"互联网＋教育"是时代发展的必然要求，将在线直播课与传统课堂相融合，构建"线上线下"混合式教学是大学英语教学改革新路径，适用于信息化时代的大学英语教学。这种新型的教学模式，本质上并不会改变传统的教学，但如何把直播和教育更好地结合起来，是值得思考的问题，抓住在线直播教育的机遇，搭建教育直播平台，实现在线直播教育常态化还有很长的路要走，要做好在线直播课理念、技术、管理、内容等方面的准备，迎接"互联网＋教育"时代是大学英语教育教学改革的必然趋势。

第六章 线上线下融合式的高校英语教学实践

第一节 英语专业听力课程线上线下混合教学

近年来,在国际交往日益频繁、国际交流合作日趋深入的新形势下,英语听力的重要地位不断凸显。然而,目前传统的英语专业听力教学模式,受到时间和空间的限制,已不能满足社会发展对英语人才的需求,改革英语专业听力课程教学模式已经迫在眉睫。本节旨在探讨如何利用现代教育信息技术和网络平台,将线上网络教学与线下传统教学有机结合,尊重学生个性化的发展,提高学生的英语听力能力。

近年来,在国际交往日益频繁、国际交流合作日趋深入的新形势下,英语听力的重要地位不断凸显。新《英语专业教学大纲》要求英语专业学生能听懂真实交际场合中的各种英语会话。可目前,传统的英语专业听力课,课时有限,一般为每周2节课;且教学模式单一,教学过程一般为"放音—对答案—讲解—再放音"。在这个模式中,学生的课堂学习时间十分有限,且始终处于一种被动状态,听的内容、数量和场地都由教师操控。学生不能根据自己的水平选择学习内容,不能自我控制学习进度。学生的自主性、个体差异性和创造性不能显现和有效地发挥。学生长期处于被动学习的状态,极易产生心理疲劳和枯燥感,教学效果受到很大影响。这样的教学模式,已经不能适应社会发展对英语人才的需求。教育部印发《教育信息化"十三五"规划》,鼓励教师利用信息技术创新教学模式,支持西部高校开展在线开放课程线上线下混合式教学改革。

一、混合教学模式建构的理论基础及可行性分析

线上线下混合教学的定义。线上线下混合教育是指线上教育(网络教育)与线下教育(传统学校教育)的整合式教育模式,通过两种教育模式的优势互补,达到教育模式的改造,并实现教育教学水平的大幅度提升(卓进,2015:105)。线上线下互动教学模式是一种线上数字化在线教育与线下课堂教学相结合的教学方式,其目的是借助在线教学资源与信息技术促进课堂教学,以取得良好的教学效果(王若梅,2018:12)。

理论基础:"输入假说"。依据美国语言学家 Krashen 的二语习得"输入假说",学好一门外语,需要有"足够的输入量(Enough Input)"。大量的语言学习材料是学习语言的重要条件,当学生对材料的学习达到一定数量时,学习者对语言的使用才能有质量上的提高,才能灵活地使用所习得的语言(潘丹丹,2016:217)。而目前传统的英语专业听力教学,受时间和空间的限制,学生缺乏足够的语言输入量。没有"量"的保证,就无法达到"质"

的飞跃，更谈不上"灵活的运用"。因此，线下传统听力教学，需结合线上网络学习平台，突破时间和空间的限制，在课前和课后，根据不同学生的学习水平，提供不同难度，不同题材，多元化的听力学习资料，让学生可以依据自己的听力水平、学习兴趣及时间安排，选择适合自己的听力学习材料，自主能动地进行英语听力练习。

混合教学模式可行性分析。教育部印发《教育信息化"十三五"规划》，鼓励教师依托信息技术营造信息化教学环境，促进教学理念、教学模式和教学内容改革；推进信息技术在日常教学中的深入、广泛应用，适应信息时代对培养高素质人才的需求。当前，移动多媒体已十分普遍，学生的手机可以上网；且大学校园内大多都设有无线网，及数字化校园，教室也可以连接网络，这使得线上线下混合教学成为可能[15]。

二、线上线下混合教学的衔接策略

课前（线上网络平台自学预习）。课前，老师将听力课程的总体教学计划和具体授课步骤，上传到在线网络平台，以便学生了解该课程的总体要求和教学内容。在每个新单元之前，给出导学建议；并将与该单元课程相关的教学背景资料、音频、视频等上传到平台，学生可以在课前自学预习。对于教学重难点，教师还可制作微视频，上传到平台。学生在课前线上预习时，还可将有疑问的地方在平台留言，以便老师在线下课堂教学上统一讲解。

教师在平台所上传的听力资料的难度，应遵循"i+1"原则。据Krashen的"输入假说"，最佳语言输入效果，不仅需大量，还必须是可理解的，有趣的，其中可理解性尤为重要。克拉申用i表示学习者的现有语言水平，1表示略高于i的水平，强调听力材料的难度不应该超过学习者的现有学习能力，但又要略高于学习者现有能力。若听力材料全部是学习者能够理解的内容，将无法激发学习者的学习兴趣；但若听力材料完全超出学习者的理解范围，又会使学习者感到焦虑，阻碍听力学习的正常进行。因此，教师要选择难度适中的听力教学材料来激发学生的学习动机。

课中（线下传统课堂教学）。经过课前线上预习自学，学生已经比较熟悉听力课上将要学习的教学内容。在线下的传统课堂教学中，老师的任务主要有如下三点。其一，对学生听力策略及技巧进行训练。引导学生掌握读题干、找关键词、预测问题、做笔记等基本的听力技巧。其二，在课前已有的大量"语言输入"的前提下，引导学生进行"语言输出"。20世纪80年代后期，Swain提出了"输出假说"：输入是输出的前提和物质基础，但仅仅依靠输入还不足以内化所学的语言规律，只有通过输出才能促进输入的语言转化，进而形成学习者自身的语言系统。在课堂上，老师可以通过问答、角色扮演、故事复述、小组讨论、辩论、演讲等输出活动帮助学习者进一步提高表达的流利程度和正确性。其三，老师在线下传统课堂教学中，应解答学生在课前线上预习时所提出的问题。

课后（线上作业完成及拓展性听力训练）。课后的线上网络平台学习任务，主要有如下三点。其一，老师将与课堂所学知识点相关的练习，上传到网络平台，学生在线完成课后作业；并复习课堂上所学知识点。其二，教师可将与课堂所听材料有关的深层问题，上

---

15 陈帅. 大学英语修辞教学探析 [J]. 湖北经济学院学报，2013(9)：203-205.

传到网络平台，供学生思考和在线讨论。其三，教师可在平台上传视频、音频等听力资料，供学生进行拓展性听力训练。

三、线上线下混合教学的意义

自主学习能动性的提高。线上线下混合式教学，突破了时间、空间上的制约。只要在有网络连接的前提下，学生可以根据自己的时间安排，在任何地方，选择适合自己学习水平的、自己感兴趣的听力材料，进行自主学习，极大地提高了学生的学习能动性。

大量有效的"语言输入"+行之有效的"语言输出"。依据美国语言学家 Krashen 的二语习得"输入假说"，学好一门外语，需要有"大量有效的语言输入"。线上线下混合教学模式，保证了英语专业学生的"语言输入"，为"量变达到质变"提供了条件。据 Swain 的"输出假说"：仅仅依靠输入还不足以内化所学的语言规律，只有通过输出才能促进输入的语言转化，进而形成学习者自身的语言系统。在线下的传统课堂上，老师通过一系列的输出活动，帮助学习者进一步提高表达的流利程度和正确性。大量有效的"语言输入"+行之有效的"语言输出"，保证了学生良好的听力学习效果。

线上+线下（充分发挥各自优势）。线下传统的课堂教学，受时间和空间的限制，学生的"输入量"远远不够，且不能有效发挥自主性、个体差异性和创造性。单一的线上网络平台学习，学生缺乏与老师面对面交流的机会，缺少老师的监督，也缺乏足够的情感支持。

而将线上线下结合起来的混合式教学模式，发挥了两者的优势、规避了两者的局限性，最大限度地提高了教学的质量和学生学习的效果。

国际交往日益频繁、国际交流合作日趋深入的新形势，凸显了英语听力的重要地位。传统的线下课堂教学模式，受到时间和空间的限制，已不能适应社会发展对英语人才的需求。而单一的线上教学模式，也有其局限性，如师生缺乏面对面的交流，学生缺少老师的监督和情感支持等。当前的新形势，使得线上线下相结合的混合教学模式成为可能，也成为必然。线上线下的混合教学，尊重了学生的个体差异性，充分发挥其自主性和创造性，提高其独立学习的能力和英语听力水平。线上线下的混合教学，给英语听力教学带来了新的机遇，全方位提升了教学效果和学习体验，促进了教育信息化的深入发展。

第二节　线上线下混合式英语教学改革与慕课的关联

随着经济与科技的发展，线上线下教学凸显其重要性，大学英语写作教学迎来更新的挑战。慕课的到来为大学英语教学改革提供了一个新的平台。这些线上慕课弥补了传统教育僵化、刻板、缺乏创新性的弊端，共享了高等教育资源、对推进高等教育资源的大众化产生了重要影响，对于培养各类人才尤其是经济型人才起着重要作用。

一、慕课的概念

慕课含义为"大规模网络开放课程",我国学者焦建利教授将它译为:"慕课"可谓绝妙,有全世界学者慕名而来共同上课之意。360 百科对它的定义为:"新近涌现出来的一种在线课程开发模式,它发展于过去的那种发布资源、学习管理系统以及将学习管理系统与更多的开放网络资源综合起来的新的课程开发模式。"维基百科对它的定义为:"大规模开放在线课程是一种针对大众人群的在线课堂,人们可以通过网络来学习在线课程。慕课是远程教育的最新发展,是一种通过开放教育资源形式而发展来的。"作为一种教育和技术的结合,目前全世界慕课的三大学习平台为 Coursera、Udacity 和 edX,这些平台免费注册,面对全世界的学者开放,向全世界的学者提供顶级大学的精品课程,这些课程以视频的形式呈现,辅以作业、讨论、评价以及师生、生生互动。学生可以根据自己的兴趣和需求自由地进行在线学习,在学习结束后还可以得到相应的证书。慕课的教育理念实现了教育资源的共享,促进了教育公平并满足了人们终身学习的需求。同时大学英语写作慕课主要具有大规模性、开放性、互动性和即时反馈性的特点。

二、国内外慕课研究综述

(一)国外慕课研究综述

作为一种新型的教育模式,慕课的真正崛起在最近的几年。慕课的前身是美国犹他州立大学的课程"开放教育导论"和加拿大里贾纳大学的课程"社会性媒介与开放教育",这两门课程的突破性在于邀请世界各地的著名专家学者远程参与课堂的教学活动。2008年,美国教授 Dave Cormier 与 Bryan Alexander 首先提出了慕课这个概念,并创建了第一个慕课课程,此后,大批的学者和教育家都采用了这种开放性的课程模式,纷纷在多所知名大学中开设了网络公开课,并大获成功。2011 年底,斯坦福大学的教授 Sebastian Thrun 与 Peter Norvig 面向全球联合推出《人工智能导论》的免费慕课课程,课程一经推出,立刻吸引了全世界 16 万人注册学习,这一课程得到了教育界的广泛赞誉,为高等教育的大众化和国际化做出了重要贡献。

《人工智能导论》慕课课程的巨大成功让全世界的高等教育看到了新的希望,慕课在全球迅速引爆,几乎所有的著名学府如哈佛、麻省理工、普林斯顿、宾夕法尼亚大学等都对慕课充满了热情,积极投身这场新的教育革命,使得慕课短时间内席卷全球教育界,成为高等教育提高教学质量和社会影响力的重要手段之一。鉴于 2012 年慕课发展的盛况,纽约时代周刊将其评价为"慕课之年"。慕课的力量和前景同时也吸引了很多技术公司,他们和这些著名高校合作,推出了很多开放性的慕课学习平台。

(二)国内慕课研究综述

作为一种新兴的教育模式,慕课自 2012 年引爆全球后也引起了我国的教育者的广泛关注,对于慕课的研究有了初步的进展,涌现出大批以慕课为主题的文献,尤其是当《2013

慕课白皮书》在《中国教育网络》发表后，我国对于慕课的研究进入了一个全新的、蓬勃的时代，对于慕课的理论研究取得了丰硕的成果，不同的学者和教育者从不同的角度对慕课进行了分析和探讨。研究表明，我国对于慕课的研究成果主要集中在以下几个方面：首先，对于慕课理论的研究；其次，探讨慕课对于我国高等教育的影响和作用；再次，慕课对于我国不同教育层次和学科的应用；最后，慕课三大平台以及我国国内的平台。从这些现有文献来看，我国关于慕课的研究还都主要集中于理论和高校的教改方面，而有关慕课在教学中的具体实践以及实用性的相关实证研究则少之又少。因为慕课是一种高质量的课程资源，又因为它是一种成型的学习模式，所以慕课在极短时间内迅速被传播，在大范围内被大量学习者所接受[16]。影响范围大以及具有大规模、在线、开放三大特点的影响，佳木斯大学的教师也开始关注慕课，研究其起源、定义、分类、构成因素、使用平台、教学模式、有利条件、发展现状、对传统教育及教师的影响。当前，大多数对于慕课的研究只是停留在理论基础，缺乏实证研究，缺乏对实践方面的关注。与211、985那些高等学校相比，佳木斯大学作为一般本科院校在教学资源、教学设备相对薄弱，同时由于学生人数多，一线教师少，教师资源学历相对较低等因素，佳木斯大学从实际出发，积极推进和尝试慕课、翻转课堂等教学方法，深化课程信息化改革，佳木斯大学慕课学习者中，有近半数的学习者会参加一门或两门的慕课学习，在这些学习者中，依靠慕课学习而获得证书的极为少数。广大学生选择慕课学习的动机是和他们的个人兴趣相关，而与是否能得到证书无任何关系。学生以自我实现为主为学习动机，他们的需求、兴趣是他们进行慕课学习的原因。所以广大学生对于慕课的主讲教师、学历、职称不是特别在意。目前从佳木斯大学学习者可以看到通过慕课的学习，可以大大提高学生的学习兴趣及自主学习的能力。

三、混合式英语教学改革与慕课的关联性

随着互联网时代的进一步发展，网络教学的逐步展开，慕课的到来为大学教学改革提供了一个新的平台，优质的教学资源得到共享，也为大学英语教学改革带来了新的机遇与挑战，笔者运用了关联主义学习理论和建构主义学习理论，因为慕课学习属于基于网络环境的碎片化的学习。但学科知识又是有体系的，因此就要把相对零散的知识关联在一起构成一个统一的整体。所以关联主义学习理论是本研究的一个理论基础。同时，慕课学习是在广阔的学习情境下，通过与老师和同伴的交流与合作随时随地进行自身知识的构建。因此，建构主义学习理论是本研究的另一个理论基础。以"佳木斯大学校本研究"为切入点，以佳木斯大学英语写作慕课作为研究内容，在"关联主义"和"建构主义"，两大理论的指导下来探究大学英语写作慕课对培养学生写作能力的有效性。

国内对慕课的研究还处于探索阶段，理论研究多于实践研究。实践研究主要集中在中国几大著名慕课平台。语言类的慕课开课更少，以中国国防科技大学的写作慕课为代表。但是其写作慕课主要针对大学英语专业学生、高年级非英语专业本科学生或研究生，同时讲授内容是自成体系的写作课程与现行大学英语本科教材联系不紧密，不利于低年级学生

---

[16] 王涛. 大学英语教学中英语修辞格的赏析 [J]. 英语广场，2013(10)：97-99.

的学习。针对以上问题，佳木斯大学公共外语部创建了自己的《大学英语写作》慕课，所授写作技巧与讲授的《新视野大学英语读写教程》紧密相连，慕课视频可以作为大学英语翻课堂的视频材料。因此，本研究的目的是验证《大学英语写作》慕课对提高学生写作能力的有效性，同时以此来弥补现有大学英语慕课实证研究的不足。在《大学英语写作》慕课学习过程中，大多数学生能够顺利完成《大学英语写作》慕课。一部分学生辍学的原因主要是未跟上课程进度，其次是课程偏难，没有坚持的动力。在学习《大学英语写作》慕课过程中，最大的收获是扩展了英语写作知识和提升了英语写作技能。

随着科技的发展与教育教学理念的更新，大学英语教学中写作教学迎来了机遇和挑战，在信息技术的帮助下，传统课堂教师讲授转变成了当今以慕课为代表的网络环境下的教学。大学经历十几年的改革，英语写作问题日益突出，是学生过级考研的障碍，编者利用了关联主义和建构主义学习理论，通过频数统计、单因素方差分析、独立样本检验和配对样本 t 检验的量化研究方法对佳木斯大学四个实验班 201 名学生进行问卷与写作测试收集的数据进行分析。

通过问卷调查得出结论，研究对象中 97.5% 的学生使用智能手机，48.4% 的学生选择手机为数字化学习工具，78.1% 的学生愿意尝试把数字设备用于学习，78.1% 的学生认同并愿意实践于数字化学习，55.8% 的学生愿意以视频的方式进行数字化学习。

通过配对样本 t 检验显示，《大学英语写作》慕课能够提高学生的写作水平（$t=-8.982$, $df=200$, $P<0.05$）。

独立样本 t 检验结果显示，男生和女生在《大学英语写作》慕课的学习行为方面没有显示差异；男生和女生在《大学英语写作》慕课学习中获得支持方面没有显著差异；男生和女生在《大学英语写作》慕课学习体验方面没有显著差异。

单因素组间方差分析结果显示，高分组、低分组和中间组在学习行为方面没有显著差异；高分组、低分组和中间组在获得支持方面没有显著差异；高分组、低分组和中间组在学习体验方面没有显著差异。

《大学英语写作》慕课学习体验调查问卷数据统计分析结果显示，研究对象中 56.7% 的学生之前不了解慕课；72.2% 的学生是通过教师推荐对慕课有所了解；24.9% 的学生根据自己的兴趣来选择慕课；在慕课学习过程中，47.3% 的学生利用笔记本进行学习，36.8% 的学生利用手机进行慕课学习；在慕课学习过程中，39% 的学生选择在寝室学习，21.7% 的学生选择在图书馆进行学习，选择自习室学习的学生占 19%；在慕课学习过程中，88.1% 的学生能顺利完成《大学英语写作》慕课学习，35.2% 的学生由于未能跟上课程进度而辍学；43.8% 的学生认为慕课视频时长应在 10~20 分钟为好。

在《大学英语写作》慕课学习过程中，学生遇到的主要障碍是没有学习过必要的基础知识、缺乏学习动力、遇到的困难得不到及时的反馈、不能坚持学习；学生完成慕课学习后的主要收获是扩展了知识或提升了技能、增加了学习兴趣、增强了自主学习能力；慕课需要改进的方面主要有增加教师与学生的互动、应增加配套汉语字幕、利用慕课进行线上线下翻转课堂教学。

第三节　线上线下融合式的高校英语教学实践

一、研究背景

在移动互联和各种在线教育课堂深入日常生活的大背景下，随着国际工程教育认证的全面铺开，理工类高等学校的课堂教学也应顺应时代的发展，利用"互联网+"平台和线上资源，基于"产出导向法"理论，采取线上线下相结合的混合式教学方式，注重数据通信与网络课程的辅助，采取新的大学英语教学模式，有效地进行国际化沟通交流。

在中国工程教育专业认证背景下，《工程教育认证标准》中第一项通用标准的毕业要求：能够就复杂的工程问题与业界同行及社会公众进行有效沟通和交流，包括撰写报告和设计文稿、陈述发言、清晰表达或回应指令。并具备一定的国际视野，能够在跨文化背景下进行沟通和交流。线上线下相结合的混合式教学方式，有利于培养学生专业英文交流和沟通的能力。

线上线下相结合的混合式学习研究现已成为国内外关注的热点，从目前大学英语教学课堂内外所面临的问题出发，结合当前在线教育发展的新态势，开展基于"产出导向法"的大学英语教学本土化尝试，以探讨线上线下相结合的混合式教学模式的有效性与可行性，对于实现知识传递、知识建构和内化、知识巩固和拓展具有一定的现实意义。各高校完善的硬件配备情况也能很好地满足基于线上线下相结合的混合式教学模式的要求。因此，在我国高校大学英语教学中应用基于线上线下相结合的混合式教学模式具有可行性。

随着教育国际化、人才培养全球化的加速改革，线上线下相结合的混合式学习课程权重的加大是一种与时俱进的教学改革，信息化教学资源环境下开展混合式教学研究，对于大力推进优质的课程资源建设，揭示内在的教学规律，提高教与学效益，提升教师的信息化应用水平和技能，开发学生的创造性潜力，促进高校的教育教学改革均具有重要的意义。

目前，国内基于"产出导向法"利用线上线下相结合的混合式教学模式培养学生的跨文化沟通能力还处于探索期，关于该模式的各种研究有待更多学者的积极广泛参与。线上线下相结合的融合式教学模式符合中国的外语教育发展趋势。随着逐渐深入的理论研究和不断拓宽的实践探索，线上线下相融合的教学模式将由局部试点发展到整体推进。

二、融合式的教学实践

（一）教学内容及面向对象

本课程是面向非英语专业本科生开设的语言类基础必修课，目标是培养学生综合应用英语的能力，尤其是学生的语言输出能力，使学生在以后的工作、学习和社会交往中能够利用英语进行有效的交际；注重学习策略的训练，增强学生的自主学习能力和终身学习能力；提高人文素养和跨文化交际能力，为社会培养具有国际视野的高素质人才。

（二）课程特色

具备平面及立体教学资源，学习评价机制完善，方便在校学生和社会人员学习和测验。本在线课程建设，除了具备传统的课程标准、教案、教材等，还涉及重点知识点的微课视频及相关互动文化知识、游戏等，能够激发学习兴趣。该课程匹配的APP有利于学生在线互动，实时交流，保证教学效果。

（三）课程体系

以培养学生英语听、说、读、写、译等综合应用能力为主，重点提高口语和书面表达及翻译能力，并增加文化和专业知识拓展内容。

教学模式：3+1×3。第一个"3"是指综合学习，包括读写2节/周（语法、翻译等）、视听说1节/周（TED演讲、文化知识等）。"1"是指实训课，即网络自主学习检查指导课1节/周。学生网络自主学习及课后测试，并进行口语活动。教师在网上检查学生学习的情况。第二个"3"是指3个学期。

（四）教学内容

第一个学期：注重纠正学生语音、完善语法体系，以及储备词汇。课程涉及的主要内容包括名词性从句、状语从句和定语从句等。在此基础上，侧重语言技能的培养，从听、说、读、写、译等语言能力入手，帮助学生过渡，实现从习得技能向产出技能的过渡[17]。

第二个学期：强调增强学生的写作和翻译能力，调动学生的积极主动性，促使学生熟练地掌握并运用词汇和句式；学会鉴赏经典英文文学作品；在视听说方面，除了强化训练语音的准确性，组织学生就指定的话题进行小组讨论，进行互评和教师点评相结合的方式；在阅读能力方面，侧重词汇的拓展和对篇章逻辑性的把握，注重讲解阅读技巧；在翻译方面，侧重学生的汉译英翻译实践，辅以适当的练习及测试。

第三个学期：侧重培养学生的口语、翻译和写作能力，增加跨文化交际知识和所学的本科专业相关的英语知识等。在熟练运用词汇、句法和语法的基础之上，讲解英美文化、鉴赏经典英美文学作品；在视听说方面，选取英语国家广播电视新闻节目内容；在阅读方面，选取学生所学专业英语基础知识等训练内容；在翻译和写作技能训练方面，在基础训练的同时，侧重所学专业的文献资料和英语国家报刊上有一定难度的文章的英汉互译和写作实践。

（五）教学方法

在"以学习为中心、学和用一体、注重培养学生文化交流和关键能力"教学理念指导下，采用泛在的、多元化教学模式。将理论与实践相结合；独立学习与小组协作相结合；主题讨论与技能培养相结合；主题、案例、情景教学与任务型教学相结合；课堂讲授与反馈互动相结合，建立多样化的教学模式。

1.考核办法

教师以周为单位跟踪、检查学生线上学习情况，记录学生的学习进度，管教并管学，

---

17 夏俊萍.浅析大学英语教学中学生修辞鉴赏能力的培养[J].吉林工程技术师范学院学报，2014(10)：68-70.

线上监控学生学习时间和学时；定期组织在线互动答疑和讨论，检查线上学习内容并答疑，布置网上学习内容及进度，学生做学习交流；每学期第2周至第12周，每周安排教师在固定的时间上网答疑、记录和汇总学生所提出的问题，并于下一次课考核学生掌握情况。

2. 考试方法

综合课程包括听力考试。听力和综合课程按3∶7的比例，记载综合总成绩。听力实训课程每学期末统一考试，不及格者需重修、补考，直至及格。

3. 成绩评定

综合课程：平时成绩40%、考试成绩60%。过程性考核成绩由学生网上自主学习自测成绩、单元测验的成绩和课程视频、访问次数、随堂测试和平时作业综合记载而成。

听力实训课程：平时成绩40%、考试成绩60%（试题难度相当于大学英语四六级考试水平）。

4. 构建基于O2O模式的大学英语翻译、写作教学模式

线上内容包括资源交流、网上实训和作业三部分。线下内容包括行为干预、人工干预和指导答疑。

资源交流：教师上传可供学生线上学习的优秀的翻译、写作范文资料，学生可以在任何时间、任何地点获取学习资料。平台同时为学生提供同步（虚拟教室）以及异步（讨论板）交流工具，增强学习效果，通过讨论板、实时的虚拟教室互动和小组交流实现协作学习。

网上实训：有规律地进行网上练习，根据A、B、C不同级别学生的情况，选取有针对性的练习内容，范围涉及语法现象、词汇搭配。可重复范文中的精彩部分及重要环节。

作业布置：在资源交流及网上实训的基础上，按教学进度定期发布作业，难度相当于四、六级水平，限定作业完成时间，鼓励学生按线上提示多次修改以完善翻译及写作篇章。

行为分析：观察网上记录的学生学习行为，分析线上数据，制定、调整教学内容。

人工干预：线上批改在词汇方面给予学生的反馈信息较多，但是语法、逻辑性、篇章结构以及思想内容方面需要教师进行人工干预。

指导答疑：做好教学辅导工作，进行词汇、语法、句法及结构的分析展示及拓展练习，并根据学生完成情况，有针对性地进行课堂点评。

5. 构建基于O2O模式的大学英语翻译、写作测试模式

测试类型：该项目包括全校规模的入学分级测试；期中、期末进行标准化在线测试；基于计算机和网络的大学英语四、六级模考；以检测学生的学习效果为目的的阶段性测试；自主模考训练；各类教学评估类测试。该项目还可以拓展至研究生入学考试、雅思考试、BEC商务英语考试等其他测试。

试题结构：在语料的选择标准及试题设计上，可根据实际教学安排和学生学习情况，选取相应难易级别的试题模块相组合，也可与大学英语四、六级等考试高度一致。

题库建立：试题库的建设基于项目反应理论（ItemResponseTheory，IRT），可以根据不同教学对象定做个性化测试方案。IRT是用于分析考试成绩和问卷调查数据的数学模型，模型的目标一般被用来确定潜在的心理特征(latent trait)是否可以通过测试题被反映出来，以及测试题与被测试者之间的互动关系。IRT最大的优点是题目参数的不变性，被试在某

一试题上的成绩不受他在测验中其他试题上的成绩影响；同时，在试题上各个被试的作答也是彼此独立的，仅由各被试的潜在特质水平所决定，一个被试的成绩不影响另一被试的成绩。在实际使用前，试题经过项目分析（ItemAnalysis），通过大规模样本试测与校正，可以保证科学的难易度与区分度。

数据统计：对成绩进行记录、分析，提供清晰易读的成绩报告。能显示总体分数分布状况，具体分析某一题，从而更好地帮助师生对测试进行反馈，并可实现从组卷、审卷、监考到阅卷及成绩归档的一整套考试流程的信息化管理，教师利用在线考试、成绩统计与分析、自动组卷等教学管理功能，有效提高工作效率与教学质量，迅速全面准确地了解和评估学生的英语能力和教学总体效果。

三、教学理念

（一）强调以人为本的教学理念

现代教育重视强调以人为本，把重视人，理解人，尊重人，爱护人，提升和发展人的精神贯彻于教育和教学的全方位、全过程。

（二）增强素质教育的教学理念

传授知识、培养能力与素质在人才培养过程中是辩证统一，协调发展的。以帮助学生学会学习、强化终身习生意识和素质养成为根本的教育目标，旨在全面开发学生的潜能。

（三）提倡创造性思维的教学理念

加强创新与创业教育，并促进二者的有机融合，培养创新、创业型复合型人才成为现代教育的基本目标。

（四）强化学生主体性的教学理念

从传统教育强调的以教师为中心、转变为以教师为主导，以学生为中心、以活动为手段、以实践为保障，倡导自主教育和快乐教育、培养学生的学习兴趣和良好的学习习惯，使学生能够积极主动地去学习。

（五）支持个性化发展的教学理念

现代教育强调尊重个体的个性，鼓励学生个性发展，主张针对不同的个性特点采用不同的教育方法和评估标准，为所有学生个性化发展创造条件。

（六）倡导生态和谐的教学理念

现代教育大力倡导"和谐教育"，注重有机整体的"生态性"教育环境的建构。

四、教学设计的特点

（一）教学设计的教育性

在我国以应用型为主的高校课堂教学中，都不同程度地存在重传授知识和技术、轻教育的现象。为了增强教学的教育性，形成全方位育人的格局，教学设计必须遵循教学的规律，而且考虑到高素质应用型人才必须适应社会需求、为社会服务，除了掌握岗位所必需的相关知识和技术外，要先学会如何做一个合格的社会人。要做合格的社会人，就要强化教学的教育性。因此，培养学生养成终身学习的良好习惯，是高等院校教学教育性的重要体现。可以借鉴材料中提供的案例，对个人发展进行统筹规划；也可以根据理工类院校教育性的标准，深入剖析个人的优缺点；还可以通过与其他公共课和专业课课程内容的结合，提升学生批判式思维的意识与能力。

（二）教学设计的实用性

服务社会必然要培养应用型人才，因此，在课堂教学中体现实用性，是教学设计的基本要求。教学实践补充了语言学习特点和技巧，并启发学生结合自身理工科专业进行相关领域的语言学习，把英语学习和专业学习有机结合起来，实际应用价值较强。

五、教学反思

（一）根据需求充实课程

调研企事业单位对外语人才技能要求进行有的放矢的教学任务设计，实时更新教学内容。

（二）更新完善现有课程

更新和完善原有基础上的微课、flash 交互动画等系列内容。精选学生自编自导的情景剧，增强课程生动性。

（三）细化实训互动环节

根据真实的交际情境，更新实训任务，每个任务都明确分工，客观评价参与的负责人、成员的表现，列出反馈评价的系列表格。

（四）落实课程考核评价

改革课程评价，将形成性评价与终结性评价结合起来，全面跟踪评价学生完成任务的情况。让学生完成个人和小组任务的同时，取长补短，更好地应对期末考评。

（五）开展趣味性知识拓展

建立任务或项目总结模块，由学生搜集或录制相关视频，进行情境展示，进行分享并实时更新。

第四节　构建线上线下高校英语写作教学

在"互联网+"时代，大学英语写作的传统教学模式已经不能满足培养学生的需求了。针对现状，本节将线上线下教学模式应用于大学英语写作教学中，探索在该教学模式下的大学英语写作教学的具体运用，旨在激发学生的写作兴趣，提升学生写作主动性，提高学生英语写作自适应学习能力及英语写作成绩，尝试为大学英语写作教学提供一种更为有效的教学模式。

随着"互联网+"时代的到来，计算机网络技术对课堂教与学都产生了巨大影响。各种网络学习平台资源层出不穷，教师与学生对互联网和数字技术的应用，使教与学的过程发生很大的变化，网络信息技术的发展为开展信息化教学提供了良好的大环境。翻转课堂、慕课、微课等一系列的新型教学模式已经被应用于教学中。在科技不断发展的今天，英语教师应该对大学英语写作教学模式进行调整，充分利用便利的网络资源开展线上教学、课堂深度教学及培养学生的线下自适用能力。本节对线上线下大学英语写作教学模式进行研究，具有重要的意义。

一、英语写作课堂文化概念

英国马凌诺斯基指出："课堂文化是在教学过程中，教师和学生自觉遵循和奉行的课堂精神、教学理念和行为。"刘耀明指出："课堂文化是发生在教学过程中的规范、价值观和行为方式的整合体。"由此，按照这个思路笔者把英语写作课堂文化，定义为在长期的教学过程中形成的教学行为和教学理念，即也可以理解为英语写作教学模式。

二、大学英语写作教学现状

英语写作是大学生英语学习综合语言运用能力的重要体现，在英语学习和教学中占据着重要地位。然而，写作是大学英语教学中的薄弱环节，存在着许多问题。

第一，学生课堂上得到的信息量极其有限。受限于课堂时间，教师只能把教学精力更多地放到学生们关注的、与考试相关的内容，例如多数教师是有针对性地进行大学英语四级写作考试写作训练，给出写作应试模板，缺乏针对学生真正写作能力的培养。

第二，以教师为中心，忽视学生的主观能动性。在英语写作教学中，教师忽视写作的教学过程，只是行云流水地对写作方法进行讲解，缺乏对学生写作过程的培养和训练等。

第三，受限于时间和空间，学生写作不能及时得到反馈。课后学生的写作练习通常无法获得修改意见，无法发现写作中存在的语法、拼写、词汇搭配等各种问题，严重影响了练习质量。

三、大学英语线上线下写作教学模式的优势

线上线下学习丰富了学习资源。线上线下相结合的大学英语写作教学模式，为教师提供了更多为学生传授知识的平台，也为学生提供了丰富的学习资源。

线上教学不再局限于课堂教学90分钟这个固定的时间，教师可以结合学生的具体情况，根据单元教学目标，将所要讲解的知识重难点浓缩为10分钟以内的微课，完成后采用在线发布微课、文字辅助材料等方式，也可以直接把线上丰富的教学资源分享给学生，使学生更加方便快捷地接触英语写作知识；学生还可根据自身的具体情况，利用丰富的网

络资源库进行自主学习，查漏补缺，查找自己需要的一些写作素材，例如英语词汇、短语、表达方式或实例范文。

体现教师为主导、学生为主体的教学原则。线上线下相结合的大学英语写作教学模式，充分体现教师在英语写作学习中的主导作用与学生的主体地位。

教师线上的微课、辅助文字和在线答疑等其他一系列的辅助信息教学，对学生都是指导性的教学。而学生才是真正学习的主体，学生可以根据自己的具体情况，自主选择学习时间、学习地点学习相关的线上教学内容，并且还根据自己的学习要求，进一步搜索更高级别、其他相关的学习内容，真正意义地培养了学生学习的主观能动性，即学生的自适应能力。

即时得到反馈。"互联网+"时代，出现了众多的英语写作及即时评价平台，例如iwrite英语写作系统、批改网、句酷批改网、作业在线等。学生在学习线上自主学习教学资源后，可以利用这些在线学习平台随时进行写作训练，提交作文后便能得到即时反馈。这些批改网能够指出拼写、语法、搭配，文章结构等方面的错误。学生根据系统反馈，就可以直观、即时认识到自己英语写作的缺点及不足，进一步有针对性地进行学习及强化训练。

学习及训练的反复性。线上学习具备传统课堂所不具备的优势，即学习的反复性。针对单个学生某一个没有掌握的知识点，学生可以随时随地反复地观看教师发布的线上课程讲解视频，并且可以利用线上教学平台反复修改完善作文，进行反复训练，这就充分发挥了线上线下英语教学模式个性化、立体化的优势。

四、构建线上线下大学英语写作教学模式

笔者通过自身实践教学，构建了线上线下大学英语写作教学模式，通过该模式，学生们对英语写作充满兴趣和希望，提高了英语写作的积极性。该线上线下大学英语写作教学模式分为线上教学、学生提交初稿、线上自主修改、课堂讨论及互评以及重写定稿这五个步骤，具体如下：

线上教学。线上教学环节主要是教师根据教学目标及教学内容，录制微课、上传文字资料或者网上相关资源，通过线上分享，学生在相关资源的引导下，掌握相关语言知识和写作技能技巧等进行自主学习[18]。

提交初稿。学生根据知识掌握情况，要在规定时间内完成布置的写作任务，在规定的时间截止前在英语写作平台提交自己的初稿。

线上自主修改。待初稿提交后，学生利用英语写作平台提出修改意见，进行自我评价并进行反复修改，形成初步定稿，供课堂教学时展示交流。

课堂讨论及互评。在课前学生线上自主学习任务及完成初稿的基础上，课堂上，教师主要是对学生课前作文完成任务情况进行公布，组织讨论及答疑。教师在上课前汇总并且选取有代表性的两三篇作文进行点评，指出写作过程中作文普遍存在的问题。针对这些问题组织学生进行组内讨论，让学生自己提出解决问题的方法。学生在组内分享自己的作文，

18　张红．浅谈英语教学中常见的修辞[J]．教师，2015(11)：47-48.

让组内同学互相评价、修改完善，然后每小组选出最佳作品并且在课堂内展示这些作品。最后教师解答学生们无法解答的问题，并且对每组代表作品给出评价，提出进一步修改意见。

重写定稿。课后学生根据课堂上的讨论及互评情况，巩固老师上传的线上学习材料以及进一步地自我拓展学习，再次修改作文，完成最后重写及定稿。

五、线上线下大学英语写作教学模式的困难

更加完善英语写作教学平台。在"互联网+"时代，应该加强网络资源的整合管理，建立功能完善的"一站式"学习教学平台。笔者通过上课，发现很难把上课所需要的资源整合到一个学习平台上，教师和学生都要注册若干个账号，才可以满足上课和学习的需要。例如发布微课或者相关学习资料，通常会使用微信群和微助教。但是各自都有自己的弊端，微信群即时，但是不具备储存资料的功能；微助教虽然能够储存所有资料供学生反复查阅，但是对于最新发布的信息，教师还是要通过微信群进行通知。学生在进行写作练习和提交时用的是 iwrite 写作系统，这个系统具有作文评价、纠错等一系列功能，但是却不具备上传资源的功能。

在大学英语写作教学时，教师上课要同时登录好几个教学平台才能达到一个理想的上课状态，身为教师迫切需要互联网尽可能地将资源归类整合，将英语写作资源整合到某一个教学平台，建立"一站式"教学及学习平台，优化上课及学习环境。

加强线上线下大学英语教学模式中师生能力的提高。线上线下大学英语写作教学模式，不论是对大学英语教师的教学能力，还是对学生的学习能力，都提出了更高的要求。

作为大学英语教师，要做到与时俱进，不断提高自身教学水平。要不断学习新的教学理念和教学方法，了解计算机及网络发展动态，学习掌握微课制作能力，了解各种网络教学平台和网络资源，等等。

作为学生，面对全新的无线学习时代，要熟练掌握网络教学平台以及在线写作学习系统，适应这种新型学习模式，科学合理地利用网络资源。除此以外，学生还要学会自我控制，避免借助网络资源的便利，大肆抄袭作文、应付完成作业这一现象。学生要提高自主学习能力，养成良好的学习习惯，更好地提高自身的英语写作能力和语言应用水平。

总而言之，在"互联网+"时代，网络的发展为英语写作教学提供了大量的学习资源和网络平台，线上线下大学英语写作教学模式消除了传统大学英语写作教学的弊端，提供了新的教学方法，开创了新的教学模式，并且实现了以学生为中心、教师为主导的教学原则，提高学生的自主学习能力。该模式为构建其他大学英语教学模式提供了参考，并且也为大学英语教师提出了建议。这就要求教师加强自身教学能力的培养，不断提高利用网络资源的能力。

参考文献

[1] 蔡宝来，张诗雅，杨伊. MOOC与翻转课堂：概念、基本特征及设计策略[J]. 教育研究，2015，36(11)：82-90.

[2] 哈格德. MOOC正在成熟[J]. 王保华，何欣蕾，译. 教育研究，2014，35(5)：92-99，112.

[3] 吴春梅. 试析互动模式在高中英语教学中的应用[J]. 中学课程辅导（教学研究），2013，7(26)：97.

[4] 左滢. ACTIVE教学模式在高中英语读写结合课中的实践研究——以Schoollife教学为例[J]. 英语教师，2017，17(04)：141-143+154.

[5] 刘小琴. 应用型本科大学"英语语言学"教学存在的问题与对策[J]. 英语教师，2018，18(07)：56-58.

[6] 杜开群. 关于大学英语语言学教学问题及对策分析[J]. 山东农业工程学院学报，2017，34(02)：5-6.

[7] 郑雨. 大学英语教学中模糊语言学的语用意义分析[J]. 西部素质教育，2015，1(06)：46.

[8] 黄琼慧. 商务英语语言学的理论体系研究[J]. 开封教育学院学报，2016，36(02)：68-69.

[9] 翁凤翔. 商务英语学科理论体系架构思考[J]. 中国外语，2009，6(04)：12-17+30.

[10] 杨雪. 浅谈英语教学中应用语言学的有效应用[J]. 教育现代化，2018，5(11)：185-186.

[11] 张丽莹，于江. 论《他们眼望上苍》中赫斯顿的"协合"[J]. 湖南医科大学学报（社会科学版），2008，10(6)：141-144.

[12] 任丽霞，吕桂凤. 翻转课堂在大学英语教学中的应用[J]. 吉林医药学院学报，2020，41(01)：75-76.

[13] 郭巧棉. 浅析皮革商贸英语翻译问题及翻译策略——评《国际商务合同的文体与翻译》[J]. 皮革科学与工程，2020，30(01)：51.

[14] 王慧. 基于职业岗位导向的高职英语教学改革研究[J]. 轻纺工业与技术，2020，49(01)：183-184.

[15] 李筱洁. 基于SPOC与翻转课堂的大学英语教学实践问题与对策分析[J]. 内江师范学院学报，2020，35(01)：84-88.

[16] 曲通馥. "雨课堂+对分课堂"教学模式在大学英语写作教学中的实证研究[J]. 内江师范学院学报，2020，35(01)：89-94.

[17] 张红玲. 跨文化外语教学[M]. 上海：上海外语教育出版社，2007.